VIVEMOS MAIS!
VIVEMOS BEM?
POR UMA VIDA PLENA

PAPIRUS ✦ DEBATES

A coleção Papirus Debates foi criada em 2003 com o objetivo de trazer a você, leitor, os temas que pautam as discussões de nosso tempo, tanto na esfera individual como na coletiva. Por meio de diálogos propostos, registrados e depois convertidos em texto por nossa equipe, os livros desta coleção apresentam o ponto de vista e as reflexões dos principais pensadores da atualidade no Brasil, em leitura agradável e provocadora.

MARIO SERGIO CORTELLA
TEREZINHA AZERÊDO RIOS

VIVEMOS MAIS!
VIVEMOS BEM?
POR UMA VIDA PLENA

PAPIRUS 7 MARES

Capa	Fernando Cornacchia
Foto de capa	Divulgação (Mario Sergio Cortella)
Coordenação	Filipe Rios (Terezinha Azerêdo Rios)
Transcrição	Beatriz Marchesini
Edição	Nestor Tsu
Diagramação	Aurea Vasconcelos e Beatriz Marchesini
Revisão	DPG Editora
	Ana Carolina Freitas, Bruna Fernanda Abreu e Isabel Petronilha Costa

Dados Internacionais de Catalogação na Publicação (CIP)
(Câmara Brasileira do Livro, SP, Brasil)

Cortella, Mario Sergio
Vivemos mais! Vivemos bem?: Por uma vida plena/Mario Sergio Cortella, Terezinha Azerêdo Rios. – 2. ed. – Campinas, SP: Papirus 7 Mares, 2023.– (Coleção Papirus Debates)

ISBN 978-65-5592-043-7

1. Envelhecimento 2. Longevidade 3. Qualidade de vida I. Rios, Terezinha Azerêdo. II. Título. III. Série.

23-151366   CDD-305.26

Índices para catálogo sistemático:

1. Longevidade: Envelhecimento: Aspectos sociais: Sociologia   305.26

Eliane de Freitas Leite – Bibliotecária – CRB 8/8415

2ª Edição – 2023

Exceto no caso de citações, a grafia deste livro está atualizada segundo o Acordo Ortográfico da Língua Portuguesa adotado no Brasil a partir de 2009.	Proibida a reprodução total ou parcial da obra de acordo com a lei 9.610/98. Editora afiliada à Associação Brasileira dos Direitos Reprográficos (ABDR). DIREITOS RESERVADOS PARA A LÍNGUA PORTUGUESA: © M.R. Cornacchia Editora Ltda. – Papirus 7 Mares R. Barata Ribeiro, 79, sala 316 – CEP 13023-030 – Vila Itapura Fone: (19) 3790-1300 – Campinas – São Paulo – Brasil E-mail: editora@papirus.com.br – www.papirus.com.br

SUMÁRIO

A vida como desafio 7

Viver mais e viver bem 16

Tempo amigo, tempo inimigo 29

Olhando para trás e adiante 41

A ditadura do relógio e o valor do tempo 54

A ampliação do horizonte de vida 59

A vida só vale porque é finita 68

Quais são seus planos para o futuro? 73

Aposentadoria não é desocupação! 88

Idade e preconceito 100

Vida boa = Presença do desejo 115

Glossário 118

N.B. Na edição do texto foram incluídas notas explicativas no rodapé das páginas. Além disso, as palavras em **negrito** integram um **glossário** ao final do livro, com dados complementares sobre as pessoas citadas.

A vida como desafio

Mario Sergio Cortella – Para dar início a nossa partilha de ideias sobre o tema da longevidade, gostaria de retomar aqui um termo muito comum em filosofia, que é *vivência*. Sei que você, Terezinha, costumava pontuar uma diferença entre *vivência* e *experiência*. Você ainda pensa dessa maneira?

Terezinha Rios – Sim, embora no senso comum os dois termos sejam utilizados como sinônimos, tenho procurado tornar mais preciso a que nos referimos quando os utilizamos. Falo em *vivência* como algo que nos ocorre quando nos encontramos nas diversas situações de nossa vida individual ou em relação com os outros, mesmo que disso não tenhamos consciência. Quando você falou em *vivência*, fiquei pensando em *con-vivência*, algo que vai sendo construído culturalmente e que, então, se aproxima da experiência. Acho importante pensar na experiência porque ela marca a ideia de transcorrência de um tempo no qual o indivíduo interfere, constrói algo, recebe influências, num contexto em que vai sendo configurada uma determinada história. Trata-se daquilo que vai se acrescentando, que vai se somando para que as pessoas digam: "Um indivíduo com sete anos tem menos experiência do que o que tem 17". Aí eu me pergunto: "Será mesmo?". Porque, na experiência, trabalha-se com a ideia de intensidade. É por essa razão que se pode dizer: "Olhe, essa situação durou só uma semana, mas o que se experimentou ali teve um significado muito marcante, como se tivesse durado mais tempo".

A relação entre vivência e experiência tem sido apresentada de formas diferentes por vários pensadores. **Jorge Larrosa** tem explorado a ideia de experiência de um modo que me parece muito rico. Recorrendo à história do significado que se tem dado à experiência, desde a filosofia clássica, em que a experiência foi entendida como um modo de conhecimento inferior ao conhecimento racional, intelectual, passando por outras épocas, até nossos dias, Larrosa afirma que "a experiência é o que se passa comigo e que, assim, me forma ou me transforma, me constitui, me faz como sou, marca minha maneira de ser, configura minha pessoa e minha personalidade". A experiência está ligada ao sentido que se dá às vivências.

Cortella – É interessante porque a palavra *experiência*, como nos revela a etimologia, tem dentro de si a palavra *perigo*.

Experire é acercar-se do perigo e saber enfrentá-lo também. Ou seja, a noção do perigo como aquilo que cada um de nós tem de encarar. Como disse **João Guimarães Rosa**: "Viver é muito perigoso".

Rios – É isso mesmo. É um desafio. E recorrendo outra vez à etimologia, vamos verificar que na palavra *desafio* está contida a ideia de desconfiança. Fiar é confiar. Por isso é bem usual a expressão: "Não me fio muito em tal coisa". Pelo mesmo motivo, o padeiro coloca em seu estabelecimento uma tabuleta com os dizeres: "Fiado só amanhã". Ele *des-confia*. Confiar é fiar, desconfiar é desafiar. Em todo desafio há uma "desconfiança", coloca-se em dúvida a possibilidade de realização de uma ação – e, portanto, acena-se para o perigo. Quando digo para alguém: "Eu o desafio a ir, em cinco minutos, do lugar em que estamos a determinado outro lugar" (que está longe), é porque duvido que consiga, desconfio. Isso requer, de sua parte, coragem para enfrentar o desafio.

Cortella – Pois bem, quando mergulhamos na ideia de Guimarães Rosa, descobrimos que viver é perigoso porque viver é desafio de fato. É o desafio da criação do inédito. Afinal de contas, embora a vida seja dádiva na origem, como princípio, ela não é dádiva como ponto de chegada. Embora se diga "Deus é que sabe", ainda assim essa percepção metafísica, teológica, que me leva a reconhecer a vida como dádiva no ponto de partida – isto é, eu recebi a vida, mas o que farei com ela? – está ligada também à minha condição de vivê-la de uma maneira intensa e, portanto, acolhendo o perigo e enfrentando-o, em vez de me esconder dele, fugindo do desafio. É claro que há desafios dos quais não temos como escapar. Mas há desafios que nós escolhemos, que vamos buscar. Vale lembrar aqui a noção da "jornada do herói", analisada por **Joseph Campbell**. A ideia é de jornada, derivada de *jour* ("dia") mesmo, do cotidiano. Quer dizer, a vida no passo a passo como aquilo que me leva a algum lugar ao qual não tenho certeza se chegarei, mas não quero, se aceito o desafio, deixar de tentar ir até lá. Retomando a frase de Guimarães Rosa, vez ou outra penso que o perigo não está na vida em si, mas em recusar o desafio.

Rios – É verdade. Diante do perigo, é preciso coragem. E resulta curioso que as pessoas às vezes digam que o contrário de coragem é medo. Acho que não é assim; o contrário de coragem é covardia. Medo é algo que existe frequentemente na vivência das situações em que nos encontramos. Se não tivéssemos medo diante das provocações, dos desafios que a vida vai nos apresentando a cada etapa, poderíamos até agir precipitadamente, sem refletir, irresponsavelmente. Crescemos sempre que, embora tenhamos medo, ou até mesmo porque o temos, avaliamos criticamente as situações, consideramos nossos limites e possibilidades e buscamos superar os obstáculos, explorando os elementos positivos que estão à nossa disposição.

Acho interessante quando, nas palestras, nos encontros, alguém diz: "Não enfrento tal coisa porque tenho medo". Pergunto então: "Medo de quê?". A resposta geralmente é: "Medo do desconhecido". Mas como é que se pode temer uma coisa que não conhecemos? Não faz sentido temer o desconhecido. O grande problema é que aquilo que chamamos de desconhecido é povoado, por nós mesmos, com coisas conhecidas que, às vezes, são terríveis e não nos sentimos fortes para enfrentar.

Cortella – **Clarice Lispector** dizia: "Aquilo que não sei é minha melhor parte", ou seja, aquilo que, por ser uma incógnita, é um desafio que me faz crescer. Isso nos faz sair da mera redundância.

Rios – E estimula a pergunta. Muitas perguntas requerem mesmo coragem para ser formuladas, uma vez que as respostas podem ser perigosas, podem revelar coisas que preferiríamos manter ocultas, desconhecidas.

Cortella – Exato, o desafio cutuca. Você falava agora do medo... Eu tenho muito medo do absolutamente conhecido. Fico aterrorizado, por exemplo, quando percorro uma trilha que já fiz e de repente me dou conta de que estou me repetindo, fazendo aquilo sem perceber, isto é, agindo automaticamente, roboticamente. Porque aí perco a capacidade de vitalidade, já que é algo que entra no campo do automático.

Considero que há uma distinção entre medo e pânico. Medo é estado de alerta, ao passo que pânico é incapacidade de reação. Logo, coragem não é a ausência de medo, mas a capacidade de enfrentar o medo que sentimos nesta ou naquela situação. Gente que diz que não tem medo não é corajosa, é inconsequente. E, na hora do desafio, claro que devo ter medo: medo de perder vitalidade, de não conseguir; medo de não conhecer; medo de não amar ou ser amado, ou mesmo de não ser compreendido. Esse medo é que leva ao estado de alerta, o que é muito positivo.

Os romanos tinham uma expressão muito forte que para nós, nos nossos tempos, é estranha: pusilânime. Pusilânime é aquela pessoa acovardada, tíbia, fraca. Não fraca em relação à força física, mas na força moral; isto é, ela se acovarda perante o desafio e, em vez de fazer o que tem de ser feito, recua. Essa pusilanimidade, a incapacidade de enfrentar o que tem que ser enfrentado, é diminuição de vida. Para um romano antigo, como aquele que viveu há cerca de dois mil anos, a pusilanimidade era a pior forma de vício. Em outras palavras, estamos falando do que hoje entendemos por covardia.

Na época medieval, a Igreja Católica criou a ideia de pecados capitais. Trabalhamos hoje com sete, mas o primeiro deles, o mais perigoso e agressivo, era um pecado chamado "acídia", que é o pecado da preguiça. E não era a preguiça de não querer trabalhar, mas a preguiça de lutar pela vida, de lutar pela salvação, isto é, o pecado de quem perde a esperança de lutar por uma vida que seja mais plena. O principal pecado capital, portanto, é o da covardia, do pânico em relação ao que deve ser feito, ao que se precisa enfrentar, ao que se precisa viver. Isso envelhece bastante. A preguiça envelhece.

Rios – Sem dúvida. E o pânico também. Porque, na verdade, ele cria a imobilidade, a impossibilidade de nosso movimento vital. Ele nos segura e nos impede mesmo de fazer o caminho, de prosseguir.

Enquanto você falava da covardia, do pusilânime, eu me lembrei de algo que **Leandro Konder** escreveu em seu livro *O marxismo na batalha das ideias*. Há ali um artigo primoroso intitulado "O *curriculum mortis* e a reabilitação da autocrítica", no qual ele afirma que "forjamos para nós imagens que nos ajudem a viver". E diz: "O autoritário se apresenta como enérgico e corajoso; o oportunista como prudente ou realista; o covarde como sensato; o irresponsável como livre". Segundo ele, fazemos isso para disfarçar o medo de dar de cara com a realidade. Gosto da expressão que ele usa no título do texto: *curriculum mortis*. Ele diz que o que nós chamamos de *curriculum vitae* não é currículo de vida inteira, porque só apresenta o lado positivo.

Cortella – Sim, claro. É apenas a história dos sucessos.

Rios – Ninguém inclui no *curriculum vitae*: "reprovado no concurso em 1985" ou "traído pela namorada na primavera de 2002". Só se faz referência aos acertos. E Konder lembra que nós, humanos, não somos, em nossa imensa maioria, campeões invictos, heróis etc. Não é necessário mudar o nome desse histórico que apresentamos, só devemos sempre lembrar que há um *curriculum mortis* – o lado do malogro, o lado do enfrentamento das dificuldades. E que há necessidade de reconhecer tais dificuldades, para enfrentá-las e superá-las, criticamente. Todos nós temos um *curriculum mortis*, embora ninguém goste de falar do seu, de revelá-lo.

Cortella – **Fernando Pessoa** é magistral neste verso: "Nunca conheci quem tivesse levado porrada".

Rios – É isso mesmo. É duro admitir que falhamos, que somos incompletos e contraditórios.

Cortella – Vivi uma experiência bem interessante no período em que fui secretário de Educação na capital paulista. Quando ia nomear um assessor, além do *curriculum vitae*, eu lhe pedia também o *curriculum mortis*, isto é, o que ele havia feito que dera errado. Porque é impossível conhecer alguém só pelo que ele fez e deu certo – ninguém é só assim. E alguém que se apresenta desse modo está forjando um curso de vida. No mundo do trabalho, nas entrevistas de emprego, existe um procedimento muito usado pelos entrevistadores. Eles costumam fazer duas perguntas simples para os candidatos. A primeira é: "Quais são as suas principais virtudes?". E a pessoa enumera várias delas. A segunda pergunta é: "E quais são os seus principais defeitos?". Quase sempre o *patife* diz: "Eu sou perfeccionista". O perfeccionista é aquele que acha que não tem defeito. Por isso, acredita que seu único defeito é não os ter. Nesse caso, minha orientação é a seguinte: se você entrevistar alguém assim, não o contrate, porque ele não tem visão de si mesmo, não tem autocrítica. Ele acha que tem uma vida escorreita, direita, na qual não há perigo. Enfim, não há, de fato, aquilo de que Guimarães Rosa fala e que você lembrou há pouco: o desafio. Pois se o maior defeito de alguém é ser perfeccionista, então não existiria o *curriculum mortis*, o que não é factível. É fundamental que o indivíduo possa dizer: "Não me envergonho dos homens que fui". Nessa imagem está contida a clássica ideia da possibilidade, inclusive, da autocrítica, elemento indispensável para uma análise acurada da própria vida.

Nas palavras de **Goethe**: "Para ser o que sou hoje, fui vários homens e, se volto a encontrar-me com os homens que fui, não me envergonho deles. Foram etapas do que sou. Tudo o que sei custou as dores das experiências. Tenho respeito pelos que procuram, pelos que tateiam, pelos que erram. E, o que é mais importante, estou persuadido de que minha luz se extinguiria se eu fosse o único a possuí-la".

Viver mais e viver bem

Cortella – Ainda falando sobre a autocrítica, eu me lembro de que às vezes discutíamos na universidade o fato de que o ser humano é o único animal capaz de olhar para si mesmo e se sentir ridículo. Por exemplo, posso me perguntar: "Mas como é que eu pude falar aquilo para ela?", "Por que não fiz isso?" ou, ainda, "Como é que deixei de responder?", focalizando a mim mesmo no meu tempo como se eu fosse outro. Ou também falar sobre mim quando eu tinha 17, 25 ou 40 anos como se eu fosse objetivado. Isto é, falo de alguém de 20 anos atrás que sou eu, claro, como continuidade, mas não se trata deste eu de *agora*. E sou capaz de autocrítica, ou seja, de fazer uma avaliação do que sou: uma vida a ser pensada e repensada. Como dizem, ficar discutindo a relação. (*Risos*)

Rios – E, nesse caso, é a relação consigo mesmo. "Eu e os comigos de mim", como dizia meu professor e amigo querido Moacyr Laterza. Acho muito rica essa ideia da crítica e da autocrítica. É por isso mesmo que Leandro Konder coloca em seu texto a expressão "a reabilitação da autocrítica", pela necessidade de que tenhamos isso sempre presente. Porque é realmente difícil olhar para si mesmo com distanciamento. É um pouco complicada essa história de sair de si... É estranho, mas é o que se faz necessário, porque a crítica é esse olhar que pretende ver com clareza, profundidade e abrangência a realidade e nossa relação com ela e com os outros. É um olhar cuidadoso, que não se contenta com as aparências, que procura ir às causas dos comportamentos, busca os fundamentos das ações e relações. E procura também ver em todos os seus ângulos os objetos que enfocamos, as situações que vivemos, os problemas que investigamos no cotidiano.

Cortella – E como isso se relaciona com nosso tema? Pois bem, a questão é que se faz necessário refletir sobre o tipo de vida que vale a pena viver e o tipo de vida que não vale a pena. A ideia de vida longa implica viver mais *e* viver bem. Mas, no meu entender, viver bem não é só chegar a uma idade mais avançada com qualidade material de vida. É também adquirir a capacidade de olhar a trajetória. Porque a vida não é só o agora, é o percurso. Ela é a soma de todos os momentos numa extensão de tempo.

> A ideia de vida longa implica viver mais *e* viver bem. Mas, no meu entender, viver bem não é só chegar a uma idade mais avançada com qualidade material de vida. É também adquirir a capacidade de olhar a trajetória.

Quando você falava do tempo, da medida e da capacidade de se pensar, da autocrítica, você disse que é meio "estranho". Eu me lembrei, então, de que a palavra *estranho* traz em si a noção de *alienação*. Será que uma vida alienada – de *alienado* mesmo, considerado em seu sentido original, aquele que está fora de si mesmo –, uma vida que não seja consciente, na qual não se tenha a capacidade de escolha, não tenha capacidade de intenção deliberada, resiste à grande pergunta: Minha vida me pertence? Sua vida lhe pertence?

Rios – Pois é. E veja o que você está fazendo: perguntando. Eu queria sustentar a ideia de crítica como esse olhar alargado, aprofundado, que procura ser claro no sentido exatamente de garantir a presença da pergunta. De um questionamento constante. A crítica é um gesto que procura ir adiante da opinião, desse cotidiano no qual estamos mergulhados, verdadeira roda-viva que não nos permite parar para pensar, não dá espaço às perguntas essenciais... Por quê? De que vale minha vida? O que tenho que fazer? Por que isso? São perguntas pueris!

Agnes Heller, em *A filosofia radical*, diz que as perguntas críticas são como "as questões mais pueris", as perguntas das crianças, que nos desinstalam, nos desconcertam e que nos provocam no sentido de nos revermos, de buscar algo não pensado, não conhecido.

Certa vez, numa palestra, quando eu falava sobre essa questão, um rapaz trouxe um exemplo desse tipo de pergunta. Ele dizia para a filha: "Já são dez e meia da noite e você tem que dormir. Não é hora de ficar assistindo desenho na TV". E a pequena retrucou: "Mas desenhos não são para crianças?". Ele respondeu que sim. "Então por que passam na hora que criança tem que dormir?" Eis uma bela ilustração dessa ideia! Ou então vem a pergunta danada que embaraça e faz todo mundo rir: "Por que eu, que sou pequeno e tenho medo, durmo aqui sozinho e vocês dois, que são grandes, dormem juntos?". A resposta é: "Vamos assistir a um desenho". (*Risos*) O que constatamos, frequentemente, é que temos sempre respostas prontas para perguntas cuja resposta não sabemos...

Agnes Heller diz que "as perguntas pueris contêm dois momentos: o saber que não se sabe, a ausência de preconceitos, o questionamento dos conceitos prontos e acabados, por um lado; e, por outro, a sede de saber, de conhecimento". Isso é bem próprio das crianças!

Cortella – Quando você falou do aspecto pueril de algumas questões, eu me lembrei (gosto muito de viver lembrando...) de **Renato Russo**, que morreu em outubro de 1996. Em sua música "Pais e filhos" ele faz a grande pergunta pueril, a grande pergunta da vida (que, por sinal, me acompanha e quero fazê-la enquanto eu continuar vivo): "O que você vai ser quando você crescer?". Para mim, o mais interessante dessa pergunta é supor que algum dia se estará crescido. Afinal, em latim, as palavras *adolescente* e *adulto* vêm ambas de um mesmo verbo. Enquanto *adolescente* é um gerúndio, que significa "crescendo", *adulto* significa "crescido".

Na área de educação, de vez em quando alguém me pede para me definir, e eu digo que sou um "maior aprendiz". Brinco assim em associação à expressão "menor aprendiz", que é até um termo técnico dentro da legislação...

Rios – Ainda bem que você não é um "maior infrator"!

Cortella – Mas o que quero dizer quando afirmo que sou "maior aprendiz"? Que ser adulto é uma suposição de que estou concluído, de que estou crescido. Então pergunto: qual a natureza da ideia de crescer?

Rios – Isso tem a ver com a história da esfinge, com a resposta dada por Édipo ao grande enigma que lhe foi proposto. O ser humano é o bicho que anda com quatro pés – engatinha – na infância, com dois pés na idade adulta e com três – com apoio de uma bengala – na velhice. Mas devo dizer que detesto aquela imagem do idoso utilizada para sinalizar atendimento preferencial, vaga em estacionamento e coisas similares, que é um sujeito de bengala, com a mão na cintura, como se tivesse dores. Estou falando que detesto porque já me incluo nessa categoria e posso afirmar, felizmente, que essa é uma imagem que não corresponde à verdade. Talvez corresponda apenas nesse sentido do encurvar-se, do tornar-se menor fisicamente. Mas, sem dúvida, trata-se de uma imagem do passado. É por isso que já há iniciativas no sentido de mudar a figura empregada para indicar prioridade ao idoso em supermercados e outros lugares. Abaixo as costas arriadas e a bengala!

Cortella – Bem observado! Agora, voltando à questão do adulto como aquele que é o "crescido". O que é crescido? É alguém que já está concluído, que já está terminado? Só existe um indivíduo terminado: o cadáver. Considerando o tempo na vida, podemos adotar uma noção linear ou cíclica. Se optarmos pela noção clássica da tragédia grega que **Nietzsche** tão bem trabalhou, que é a ideia de ciclo, do eterno retorno, seremos obrigados a dizer que a vida é cíclica, no sentido mesmo de vivência. Porque a fragilidade do chegar se aproxima da fragilidade do partir, nas duas pontas da vida.

Rios – É a noção de travessia, como encontramos no *Grande sertão: Veredas*, de Guimarães Rosa – "o real não está na saída nem na chegada: ele se dispõe para a gente é no meio da travessia".

Cortella – Exato. Mas no início da minha vida, quando nasci, cheguei sem dente, e existe a possibilidade de que essa circunstância volte a ocorrer no fim da vida; eu era alimentado por sopa, e essa probabilidade existe; eu era colocado num carrinho, usava fraldas, e essa probabilidade existe de novo... Se eu trabalhar com a ideia de *kyklos*, do grego, de círculo, de eterno retorno, há uma proximidade entre o início e o fim da vida. O cabelo que aparece rareado na partida é o mesmo, talvez, daquele no ponto inicial. Esse movimento, que pode ser simbólico, significa, talvez, que fechamos um ciclo. O que lhe parece essa ideia de ciclo, de uma vida já escrita?

Rios – Ela me remete à noção de destino. Penso que os gregos a ilustram de um jeito muito bonito. Édipo, por exemplo, é uma figura que espelha a ideia de destino, de tragédia. Na tragédia, estamos diante de algo que já está definido. Édipo é a tragédia exemplar, em virtude da maneira como se apresenta. **Pasolini** mostrou isso muito bem no filme *Édipo Rei*. Édipo chega a uma encruzilhada, precisa definir por que caminho seguir. Ele tapa os olhos e gira muitas vezes; quando para, se encontra voltado para o caminho que o leva na direção do que já estava determinado: casar-se com a mãe e matar o pai. A vida humana, porém, não é trágica – ela é dramática, porque é construída. É feita pelos próprios seres humanos e, embora contenha determinações, traz espaço para alternativas, para escolhas. Embora exista essa ideia de algo que se repete, ao mesmo tempo vai se construindo de outra forma, em outro patamar.

Você falava em crescimento. Crescimento sugere uma ação permanente, que não acaba nunca. Há um livro para crianças, *O tamanho da gente*, escrito por **Murilo Cisalpino**, em que um garotinho conta que as pessoas costumam fazer observações sobre seu tamanho, dizendo mesmo: "Quando você crescer...". E ele comenta: "É, realmente estou crescendo. (...)

Mas, dizem, a gente para de crescer, um dia. Dizem que um dia a gente chega ao tamanho que é aquele tamanho que a gente vai ter na vida. E pronto, acabou-se. Não cresce mais". E prossegue: "Será?! Pode até ser... Só tem uma coisinha: eu acho que a gente pode até parar de crescer por fora, mas a gente continua crescendo por dentro". E conclui: "Pra dizer a verdade, eu acho que por dentro é onde a gente mais cresce". É uma beleza pensar nisso! Crescemos ao conhecer gente, lugares, ideias novas, ao fazer descobertas sobre o mundo e sobre nós mesmos... Acho interessante essa ideia de crescer "por dentro", que nos leva a pensar na história de vida, na questão de idade etc.

Cortella – Encarar a vida como tragédia traz um conforto especial, porque, de acordo com essa visão, não tenho responsabilidades. Só preciso seguir uma determinada lógica.

Rios – Estava escrito: *Maktub*.

Cortella – Exato, é a própria ideia do *maktub*. A vida como tragédia é menos desconsoladora porque ela coloca uma rota, e é nessa rota que eu caminho.

Rios – Não há dúvida. Assim, eu não preciso escolher, não sou responsabilizado pelo que faço. "Tinha que ser assim...", dizem alguns.

Cortella – Édipo não sabia que estava destinado a matar o pai, casar com a mãe, depois levá-la ao suicídio etc. Mas, quando soube, arranca os olhos, uma simbologia que indica: "Eu nada quero ver" – porque o mais difícil é continuar vendo.

Rios – E aqui reaparece a ideia de crítica: o sujeito menos crítico é exatamente o que não quer ver. Para fugir aos compromissos, para não enfrentar o julgamento dos demais, ele se sai com aquela frase que ouvimos frequentemente: "Não quero nem saber!".

Cortella – Sim, por isso eu falava de alienação. O que é uma vida alienada? É aquela em que o indivíduo não se pertence. *Alien* é aquele que não é de si, aquele que é alheio (de *alienus*). Eu não posso ser alheio a mim mesmo, o que significa que a minha vida tem que me pertencer. Penso que uma vida marcada pela alienação, isto é, na qual eu não me pertenço – quando minha vida pertence apenas à biologia, à patologia, à doença –, essa vida eu não quero ter. Não quero viver bastante no tempo se eu estiver alienado. Recuso-me a viver uma vida superficial, epidérmica, uma vida, como você lembrava, Terezinha, sem crítica. Porque a crítica exige enraizamento.

Existe uma bela reflexão sobre a vida, da qual eu gosto bastante, que usa os adjetivos *fundo* e *largo*. Você também tem falado sobre ela, não é?

Rios – É verdade. Venho definindo a atitude crítica, reflexiva, como aquela em que se busca ver *claro, fundo e largo*. Ela pode contribuir para que se construa uma vida boa. Falar em vida boa nos transporta de imediato para o terreno da ética. **Fernando Savater**, num livro ótimo que tenho sempre recomendado – *Ética para meu filho* –, afirma que "toda ética digna desse nome parte da vida e se propõe a reforçá-la, a torná-la mais rica". Isso quer dizer que falar em ética implica falar em vida, e não em uma vida qualquer – numa vida rica, digna. Vida boa, que não é apenas extensa, mas larga.

Acho até que é hora de lembrar uma velha anedota que venho contando em alguns encontros. Num deles, alguém me disse que eu não deveria falar em anedota, pois a história soa como uma parábola. Será que fica mais solene? Aqui vai ela:

Um paulista foi fazer um trabalho em uma cidade do interior de Minas Gerais. Um dia levantou-se atrasado e, sem tomar café, saiu às pressas para a reunião que seria num lugar distante do hotel em que estava hospedado. O trânsito, porém, estava bom; ele resolveu, então, parar para tomar o café. Entrou num bar na beira da estrada, pediu um café com leite e pão com manteiga. Estava ali tomando o seu café quando entrou um mineirinho, que se aproximou do balcão e pediu ao rapaz: "Me dê uma pinga dupla e um prato de torresmo". O paulista estranhou, mas não disse nada. No entanto, houve um momento em que não aguentou mais. Bateu no ombro do mineiro e disse: "Rapaz, eu não tenho nada a ver com isso, mas pinga e torresmo às sete horas da manhã? Você vai encurtar sua vida". O mineiro acabou tranquilamente de tomar a pinga, comeu o último torresminho, virou-se para ele e disse: "Ah, é que o senhor não conhece a gente aqui. Para nós, importa mais a largueza que o comprimento". Lição de mineiro: "Se a vida é curta, que seja larga". Larga e intensa. É verdade que não precisa ser com torresmo e pinga só. Mas existe aí um caráter simbólico, porque, muitas vezes, o que se procura é esticar a vida, sem pensar em torná-la larga, com mais possibilidades de fruí-la. Claro que queremos viver mais tempo, mas isso de nada vale se não pudermos aproveitar de verdade esse tempo, experimentá-lo em sua riqueza, como já dissemos antes.

Lição de mineiro: "Se a vida é curta, que seja larga". Larga e intensa.

Cortella – Quero mais vida, mas não quero *qualquer* vida.

Rios – Exatamente. Tem que ser vida boa, vida plena. É fácil de falar, mas na verdade é complicado. Li um livro de um jovem português, **João Tordo**, *As três vidas*. A epígrafe é uma passagem que ele extrai de um seriado de TV, que eu não conhecia, sobre uma família que tem uma funerária cujo nome é Sete Palmos de Terra.[*] Diz assim: "As pessoas costumam usar a expressão *vida e morte*. A morte não é o contrário da vida, mas do nascimento. A vida não tem contrário". Acho belíssimo. Os opostos são nascer e morrer. A vida não tem contrário. Isso provoca reflexão!

---

[*] *Six feet under* (*A sete palmos*) é uma premiada série de TV produzida pelo canal americano HBO. (N.E.)

Cortella – O contrário de vida é não vida. E morte não é não vida, morte é cessação. Quando a pessoa está morrendo, dizemos que ela está *agonizando*. *Agonia*, em grego, significa "luta". A pessoa em agonia luta para que alguma coisa não aconteça. Há situações em que só o comprimento da vida, sem a largura, leva-a a desistir da luta – isto é, a pessoa não vê sentido em sua vida. E, nessa hora, o que se defende não é uma morte boa que conclua uma vida boa, mas uma vida com sentido enquanto existe vida e se está consciente. É por tudo isso que hoje se discute a prática da chamada "obstinação terapêutica", ou distanásia, que é quando há uma tentativa de prolongar artificialmente a vida de enfermos incuráveis, o que pode ser encarado como mera obsessão. Volto a insistir: vida longa para todos? Ainda sobre esse ponto, gosto muito da saudação que alguns árabes fazem ao se cumprimentar ou despedir: "Vida longa e morte rápida". Essa ideia de morte rápida é a de uma morte que abrevia não a vida, mas a agonia. Porque vida não é agonia nesse sentido.

Há pouco, quando você falava do crescimento, isso me trouxe à lembrança **Darwin**, que faria 200 anos em 2009, época em que veio à tona com mais força a discussão sobre evolução. É comum ouvir frases como: "A vida está evoluindo", "a sociedade está evoluindo". Mas muitas vezes nos esquecemos de que Darwin nunca usou a palavra *evolução* no sentido de melhoria. Evolução significa "mudança", e não "melhoria".

Rios – Diz-se até que câncer evolui.

Cortella – Pois é, câncer evolui. Em medicina, quando alguém morre, anota-se no prontuário: "Evoluiu para óbito". Portanto, evolução é estado de mudança. E, nesse sentido, é claro que a vida evolui. Mas é preciso entender que ela também pode evoluir para algo negativo, ou seja, que a vida pode mudar para pior. E uma das coisas que não desejo é evoluir para óbito em vida. O que é evoluir para óbito em vida? Deixar de viver...

Rios – As pessoas dizem que para morrer basta estar vivo.

Cortella – Está certo. Como é que sua avó dizia?

Rios – "Caminheiros somos, caminhando vamos." Ela falava isso quando nós, mais jovens, zombávamos de alguma atitude dela, quando ela se esquecia de algo, ou se confundia ao nos contar uma história. Esse era o jeito dela para nos alertar de que também nos tornaríamos velhos, ainda chegaríamos lá – "Caminheiros somos, caminhando vamos". Você fez referência a ela em um dos artigos, no seu livro *Não espere pelo epitáfio*. E antes de mencionar a história de vovó Sinhá, lembra **Epicuro**, que dizia não temer a morte, pois nunca iria encontrá-la: "Enquanto sou, a morte não é; e desde que ela seja, não sou mais". Uma de minhas irmãs leu e disse: "É ótimo, mas eu ainda tenho um medinho...". É esse medo, mesmo, que nos perturba, às vezes, na caminhada.

Tempo amigo, tempo inimigo

Confete, pedacinho colorido de saudade...
David Nasser e Jota Júnior

Cortella – Muito bem, então estamos entendidos: o que queremos todos, aquilo que vale a pena, é vida longa e boa. Porque só vida longa pode ser uma experiência de agonia inútil. Por exemplo, atualmente estou em agonia: tenho que controlar minha condição material de vida, minha capacidade de relação, minha capacidade de convivência. Trata-se de uma forma de agonia. Mas eu quero ser *protagonista*, quero ser alguém que luta a favor. Como todo mundo, tenho vários antagonistas no cotidiano, mas quero ser protagonista da minha própria vida. Nesse sentido, gosto demais de uma reflexão de **Mario Quintana**. O poeta, que morreu com quase 88 anos, deixou-nos estes versos:

Um dia... Pronto!... Me acabo. Pois seja o que tem de ser.
Morrer: Que me importa? O diabo é deixar de viver.

Olhe só: "O diabo é deixar de viver". Isso não significa morrer no sentido terminal. "Deixar de viver" é levar uma vida inconsciente, acrítica, superficial, alienada, banal, fútil. Não estamos falando de algo que se possa adquirir com o tempo, isto é, não é que alguém chegue a isso quando é mais idoso. Pode-se ter essa consciência aos 15 anos, aos 20 ou aos 60. É preciso formar a capacidade de não ter uma vida que seja banal, superficial, pois, do contrário, para quê?

Rios – É isso. Trata-se do deixar de viver como se, efetivamente, você não participasse, não interferisse. Isso me fez lembrar de um belo verso de **Caetano Veloso**. Você foi ao Quintana, eu vou ao Caetano que diz:

> *Vamos viver, vamos ver, vamos ter, vamos ser,*
> *vamos desentender do que não carnavalizar a vida coração.*

"Vamos desentender do que não carnavalizar a vida" nesse sentido de festejar, de trazer festa à vida. Essa ideia de festa parece muito rica para significar a vida larga: uma plenitude, uma possibilidade de partilha, tudo isso. Porque ninguém faz festa de modo isolado. Só se faz festa junto com os outros. Por isso falamos em celebração, em comemoração. Mais uma vez o recurso à etimologia nos ajuda: *co-memorar* significa lembrar junto, em companhia.

Cortella – No livro *Sobre a esperança: Diálogo*, **Frei Betto** e eu começamos citando uma das falas mais bonitas que já ouvi. É uma fala atribuída a Jesus Cristo de Nazaré que está no Evangelho de João, capítulo 10, versículo 10: "Quero que tenhais vida e vida em abundância". Naturalmente, abundância aqui não tem o sentido de desperdício, não é aquilo que sobra; abundância é a vida com carências que não sejam insolúveis. Não é a vida do desperdício, da luxúria. Mesa abundante não é aquela que tem muita coisa, mas sim aquela em que há partilha. É aquela em que se tem a possibilidade de estar com o outro, porque é no estar com o outro que as carências vão sendo passíveis de ser solucionadas.

É sempre agradável lembrar a mesa farta da época do Natal. Uma mesa de Natal farta não é aquela que tem muita comida, mas a que nos permite compartilhar aquele momento. A ocasião de nos reunirmos com aqueles de quem gostamos, partilhando o que nos parece bom. A expressão clássica é bem verdadeira: "Puxa, que pena, aquele homem é tão pobre! A única coisa que ele tem é muito dinheiro". É o contrário da abundância. Uma vida abundante é aquela que não carece de soluções para sua manutenção como vida plena, digna, não superficial. E nessa hora penso que o "deixar de viver", de Mario Quintana, tem um pouco esse sentido de não admitir a superficialidade como modo de conduta. Em outras palavras, não admitir uma vida que vá só pela beirada.

Rios – E aí, Cortella, acho que você vai buscar outra coisa fundamental que já estava presente nesta conversa, embora nós não a tenhamos ainda mencionado literalmente. Trata-se daquilo que se opõe à perspectiva da alienação, ou seja, a alteridade.

Quando falamos em mesa abundante, em mesa farta como aquela que pode ser partilhada, estamos nos reportando ao significado que tem a vida partilhada: é uma vida *junto com os outros*, não solitária, levando em consideração o outro; vida, enfim, em que pode haver uma *com-vivência*. Parece-me que, ao qualificar a vida como boa, é importante pensar na vida junto com alguém, junto com os outros – e "junto com" no sentido de eu em companhia de outros eus. Porque há muitas maneiras de se estar "com os outros".

Cortella – Mas esse é um tema doloroso também.

Rios – Pode ser doloroso, sem dúvida.

Cortella – Lembremos, por exemplo, de **Niemeyer**, falecido aos 104 anos de idade. Sua única filha, de 82 anos, morreu alguns meses antes dele. Imagine o que era, em anos recentes, para alguém com mais de 100 anos, aquilo que você está chamando de *con*vivência. Aos poucos, tudo que fazia parte da história dele foi desaparecendo. Lugares por onde ele andou já não existiam, o nome de muitas ruas já havia mudado, pessoas queridas já tinham partido...

Vejo isso ao recordar o cotidiano da minha mãe, Emília, falecida em 2022 com 93 anos de idade. Cada dia havia menos gente com quem passara boa parte da vida. Só havia uma possibilidade de ela não se desvitalizar: era essa convivência continuar sendo adensada, com os netos, os bisnetos, as outras pessoas que iam fazendo essas conexões. Mas no parque Buenos Aires, em São Paulo, perto de onde ela morava, tinha, por exemplo, um bazar, que pertencia à dona Arminda. Esse bazar existia desde que nos mudamos para São Paulo em 1967. E minha mãe ia lá quase toda semana conversar com dona Arminda – comprava lá, linha para fazer crochê, essas coisas. Depois, dona Arminda morreu e ficaram os dois filhos tomando conta do bazar. Ao longo dos anos, o marido morreu e depois os dois filhos. Passei por lá faz algum tempo e a porta de metal estava fechada. O impacto que esse fato causa em mim é metade do que representava para minha mãe. A porta fechada da loja da dona Arminda é uma porta que havia se fechado dentro da dona Emília.

Essa questão me fez lembrar também do caso de Paul Lafargue e Jenny Laura Marx, respectivamente genro e filha de **Karl Marx**. Eles fizeram um pacto de morte porque não queriam ser um fardo para ninguém nem viver a lenta degradação de seus corpos após os 70 anos. Eles se amavam imensamente e se suicidaram juntos, de maneira que nenhum dos dois vivesse a dor da perda.

Sei que minha mãe, dona Emília, não desejava morrer. Mas também é evidente para mim que esse estar viva, essa vida longa, tem um custo. E o custo precisa ser compensado com o que há de bom.

Rios – Existe uma questão muito séria em tudo isso. Mas penso que, quando falamos sobre a duração, sobre a composição da vida, há outro componente fundamental que se chama *memória*. Mesmo quando digo que já não tenho alguma coisa, eu ainda a guardo na memória. Tenho partilhado com os amigos, às vezes, diante da perda de alguém querido, um trecho de um poema de **Wislawa Szymborska**, poetisa polonesa:

> *Não existe vida*
> *que, ainda que por um instante,*
> *não seja imortal.*
> *A morte*
> *chega sempre com esse instante de atraso.*
> *Em vão golpeia com a aldrava*
> *na porta invisível.*
> *O já vivido não se pode levar.*

É bonito e verdadeiro. Vão-se meus pais, vão-se meus amigos, mas cá estão eles, dentro de mim. É outro jeito – doloroso, exatamente porque já não pode ser como era antes. Mas cá estão eles na minha vida, na recordação. *Re-cordar*: tornar a passar pelo coração (como revela a raiz latina: *cor, cordis* quer dizer "coração"). **Eduardo Galeano** nos lembra disso, em seu *Livro dos abraços*. Nossa memória não é como a do computador. A memória do ser humano é aquela da *recordação* – ou seja, ali fica registrado o que sempre pode tornar a passar pelo coração.

Cortella – Daí também "coragem", que, vindo para nós do francês *courage*, está ligada a *coeur* (coração), na mesma raiz latina; o que não para de pulsar e que é força que de dentro desponta.

Rios – Ao atentar para a raiz etimológica das palavras, compreendemos melhor as ideias contidas em expressões simples. Por exemplo: quando eu *concordo*, aproximo; se *discordo*, afasto. Quando *recordo*, volto a algo guardado no coração, tenha um caráter positivo ou negativo.

Cortella – Sim, existe também um aspecto difícil na memória, e isso em qualquer idade, porque ela nos faz reviver tanto o agradável quanto o desagradável. **Ivan Izquierdo**, grande neurologista argentino naturalizado brasileiro, estudou amplamente o assunto. Ele tem uma belíssima reflexão sobre o papel do esquecimento na preservação da saúde mental, publicado no livro *A arte de esquecer*.

E (antes que eu esqueça) voltando mais uma vez à noção de *kyklos* de Nietzsche, ao eterno retorno, aqui tem um dado que considero fundamental: a natureza nos preserva. Não temos memória dos nossos primeiros quatro ou cinco anos de vida, que é a fase mais complicada para um ser vivo, no nosso caso. Não nos lembramos de nada. Se alguém crê que se lembra de alguma coisa de quando tinha três ou quatro anos, é memória emprestada. Provavelmente a mãe lhe mostrou fotos ou lhe contou histórias e a pessoa pensa que se trata de uma lembrança. Mas não temos memória desse período. Pois um primeiro sinal de senilidade é a perda da memória de novo. E penso que pode ser uma bênção. Afinal, é muito difícil carregar muita memória. Embora eu preferisse não retomar a comparação com o computador, às vezes aparece na tela a informação: "insuficiência de memória". De certa maneira, para os humanos, numa vida longa, a perda, mesmo que parcial da memória, é sempre muito difícil. Tive uma experiência forte, pessoal, nesse sentido que foi acompanhar alguém com síndrome de Alzheimer – meu pai.

Rios – Eu também vivi esse processo doloroso com o meu. E a perda progressiva da memória foi o que mais produziu transformações no ser humano forte e animado que ele era.

Cortella – Meu pai começou a manifestar a doença aos 54 anos, uma idade absolutamente precoce para isso. Ele era diretor de banco e seus colegas de trabalho o preservaram de tal jeito que nós, da família, demoramos para perceber que ele estava com os sintomas iniciais de Alzheimer. Por exemplo, ele pegava o telefone, falava com um gerente de qualquer lugar do Brasil e desligava; dali a pouco ele ligava de novo. Mas nós não sabíamos disso. Porque quando acompanhamos alguém em casa, são poucos os sinais que notamos. Mas lá no trabalho se notava. E todos ali montaram uma estrutura paralela para que ele pudesse ser atendido. Então, tudo o que ele fazia era corrigido por um adjunto. Pois bem. Só começamos a notar que ele estava com problema porque a síndrome de Alzheimer produz um desaparecimento paulatino da memória do próximo para o distante. Por exemplo, ele era capaz de pegar um café, colocar açúcar, mexer, tomar, deixar a xícara e, em seguida, pegar outro café, colocar açúcar... Ou acordar de manhã, tomar banho, fazer a barba, vestir o terno e aí voltar para o banheiro, tirar a roupa, fazer a barba... Isso é paulatino.

Rios – Meu pai também repetia indefinidamente algumas ações. Como o seu, ele não se lembrava de suas ações recentes...

Cortella – Não. E a memória vai apagando do momento presente até o passado. Os gestos mais recordáveis durante o processo são os da infância e aqueles que são automáticos.

Mas por que estou dizendo isso? Porque Alzheimer é uma doença, e eu acredito que o esquecimento, para o idoso, é algo diferente. O mal de Alzheimer vai apagando a memória recente, que é a memória operativa – isto é, aquela que ajuda a pessoa a viver naquele momento. Já o esquecimento muitas vezes se destina à preservação da saúde mental; ele retira parte do que a pessoa não precisa carregar. Por essa razão, não acho que certo grau de esquecimento de eventos passados seja em si negativo. O que me parece negativo é a perda da memória imediata, porque esta reduz a capacidade de autonomia da pessoa. Mas ser capaz de esquecer algumas coisas é uma bênção.

Rios – Não há dúvida! Já ouvi alguém dizer que a gente precisa fazer com as gavetas da memória o que faz com as gavetas dos armários: de vez em quando fazer uma limpeza, jogar fora o que já não se usa, o que já não tem valor. Mas eu, que sou filha de um indivíduo "guardador", que costumava ir armazenando vidros vazios, caixinhas de medicamentos etc., penso que é bom, mas nem sempre faço. Acho que sou como aquele indivíduo que diz: "Eu esqueço, mas... lembro-me sempre que esqueci!". Digo isso brincando, porque é mesmo saudável não ficar acumulando "memórias inúteis".

Cortella – Imagine se nós nos lembrássemos de tudo... Por exemplo, somos professores faz mais de meio século e, durante muito tempo, quando no cotidiano da docência universitária, fomos apresentados a discentes todos os anos, e decoramos os nomes de todos eles, mas, depois, tivemos que esquecê-los porque, se não os esquecêssemos (brinquemos com a linguagem digital), "armazenaríamos uma grande quantidade de dados" já sem a mesma utilidade, "ocupando espaço" que deve ser destinado a novas informações.

Agora uma pergunta: Você acha que, para ter um novo amor, é necessário esquecer o anterior?

Rios – O amor é aquele sentimento que **Vinicius de Moraes** chamou de "infinito enquanto dura"? Nesse caso, estamos falando de afeto. Amando, somos ou estamos marcados pelo afeto naquele sentido originário do termo:

ser afetado, isto é, ser tocado pelo outro. E podemos deixar de estar afetados, sem esquecer que o fomos. Temos o direito de esquecer, e esse esquecimento pode nos favorecer na continuidade da vida.

Temos o direito de esquecer, e esse esquecimento pode nos favorecer na continuidade da vida.

Mas não temos necessidade de esquecer, embora muitas pessoas digam que só esquecendo um amor haverá possibilidade de viver outro. O grande problema é o sujeito que não esquece, mas disfarça porque não aceita os fatos ou procura negar a realidade.

Cortella – Nesse caso trata-se de negligência, não é?

Rios – Pode ser. É quase o contrário da crítica, pois a crítica nos faz abrir bem os olhos, faz ver e tomar consciência. E tomar consciência nem sempre é bom, pois posso ver coisas de que não gosto.

E aí, o que a pessoa faz? Finge que não viu porque é mais cômodo. Talvez até faça um esforço no sentido de eliminar qualquer traço daquela lembrança, porque assim ela acredita se eximir de um negócio danado que se chama responsabilidade. É até mais fácil, mais cômodo e menos comprometedor ceder às pressões do ambiente, da sociedade, numa sujeição conveniente.

Cortella – Assumir a responsabilidade, ou não, pelo que vai acontecendo em nossa própria vida é uma decisão pessoal, intransferível. É uma questão de cada um buscar o que realmente quer, de reconhecer quem deseja no comando de sua vida. Vamos falar um pouco mais sobre isso, pois esse é um ponto essencial no que se refere à longevidade: a consciência de nossos atos e escolhas ao longo do tempo.

Olhando para trás e adiante

Cortella – Bem, comentávamos há pouco sobre o embate entre a ação muitas vezes coercitiva do ambiente e quem efetivamente somos e aquilo que queremos. Penso que, apesar das pressões, da necessidade de manter o *status*, da influência dos outros e da tendência a seguir a corrente dos acontecimentos, vamos convir que as modas são passageiras, efêmeras. Não digo que sejam inúteis, mas são fluidas. E essa fluidez pode até ser escravizadora, pois, como dizia **Millôr Fernandes**, "o importante é ter sem que o ter te tenha". Isto é, não sejamos possuídos por aquilo que possuímos. Há uma questão de decisão, insisto nisso. Embora haja pressão da mídia, da sociedade, da estrutura de consumo, da organização econômica, ela não é invencível; embora seja forte, não é irresistível. Resistir a essa vacuidade, a essa *vaidade*, para usar o termo latino, é uma simples questão de decisão.

Alguém poderia perguntar: Por que decidir fazer isso? Porque eu quero ser dono de mim. E volto àquela questão: minha vida tem de me pertencer. Alguém pode até usar um argumento religioso: a minha vida pertence a uma divindade. Não é disso que estou falando. Esta vida pode até pertencer a Deus no ponto de partida. Ele, que pode ser entendido, como o é por algumas pessoas, fonte da vida. Mas o fato de a fonte ser divina, de acordo com essa perspectiva, não dispensa ninguém de fazer suas próprias escolhas. Esta sociedade tem, sim, algum poder sobre nós, mas eu tenho uma pergunta anterior a essa, que é: Quem sou eu dentro disso? Sou eu aquele que "vive a vida de gado", como canta **Zé Ramalho**, em "Admirável gado novo", ou sou eu aquele capaz de ter uma vida que não é soberana, mas que é autônoma, isto é, tenho a direção de mim?

Rios – Concordo com você, é uma questão de decisão. Mas a pergunta é: Será que o indivíduo toma consciência disso no meio desse turbilhão de apelos, de assédios de muitas formas? Acho que há esperança de que a consciência prevaleça. Trata-se de uma questão complexa, mas à qual devemos estar atentos. E ainda podemos acrescentar a importância da educação, dos valores e de sua problematização. É preciso refletir, discutir tudo isso...

Cortella – Existe uma expressão caipira que diz: "Tome tento", ou seja, "preste atenção", "pare, olhe e escute". Em outras palavras, veja que vida você está vivendo, que caminho está seguindo. Você optou por isso ou alguém o está empurrando nesta ou naquela direção? Lembro aqui uma expressão da qual eu gosto muito (embora ela tenha uma origem masculina, claro que serve também para a mulher): "Seja homem". Em filosofia, quando dizemos "seja homem", ou "seja humano", é no sentido de ser capaz de liberdade, de decisão; de que é preciso ser capaz de não se alienar. Se eu não me pertenço, não tenho uma vida que possa entender como a "minha vida". Frases como "na minha vida mando eu" ou "na minha vida eu é que decido" não representam uma expressão de individualismo, mas são, sim, uma expressão do indivíduo, isto é, da capacidade de querer uma vida que possa ser partilhada. Por isso, volto a um ponto que antes tocamos: considero extremamente confortável (e fraco de espírito) quando alguém diz: "O que posso fazer? A vida é assim. Preciso consumir, preciso cuidar da minha imagem", como se fosse uma fatalidade.

Rios – Essa é a visão trágica da vida.

Cortella – Sem dúvida, a perspectiva trágica tem a capacidade de acalmar o espírito ao partir do princípio de que há uma roda da fortuna que gira independentemente da vontade do sujeito. É a vida como "crime culposo" e não como "crime doloso".

Rios – Essa ideia da autonomia me parece fundamental, porque está ligada à essência da humanidade, que é a liberdade. Muita gente acha que liberdade é a ausência de limites. **Jorge Mautner** e **José Miguel Wisnik**, numa música excelente, "A consciência do limite", nos lembram que "A liberdade é bonita, mas não é infinita! / Eu quero que você acredite, a liberdade é a consciência do limite!". É com essa consciência que temos a possibilidade de fazer escolhas. E escolha implica responsabilidade. Aí reside o caráter político de nossa vida em sociedade. Vivendo na pólis, na cidade organizada, somos submetidos a determinadas pressões, prescrições e temos a necessidade de tomar partido. Ser político não é ser de um partido, é tomar partido.

Cortella – Aliás, tomando meu partido, a coleção Papirus Debates tem um livro muito bom chamado *Política: Para não ser idiota*, no qual **Renato Janine Ribeiro** e eu dialogamos.

Rios – É isso mesmo: o idiota não toma partido – ou pensa que não toma, porque, quando diz que não vai tomar partido, já o fez, não é verdade? Mas, de qualquer maneira, existe essa ideia de liberdade que leva à perspectiva da autonomia.

O que acontece, penso, que é marca de nosso tempo, é uma espécie de elogio da heteronomia. Um elogio no sentido de que ela é, de certo modo, facilitadora. As pessoas dizem por mim o que tenho que fazer. Ser autônomo não é ser independente. Não há independência; somos interdependentes. A autonomia sempre é relativa. Não no sentido de ser pouca, mas ela é relativa porque sempre existe algum grau de influência, ou mesmo de interferência, do outro em minha vida, nas minhas decisões. A autonomia contribui para que a pessoa se afirme no mundo. É certamente desafiador percorrer o caminho da heteronomia para a autonomia, mas também necessário. E, só lembrando, autonomia não é fazer a lei, determinar o *nomos*, mas reconhecer a lei e os valores a ela subjacentes.

Cortella – Falando em autonomia, vale lembrar **Ortega y Gasset** quando diz "eu sou eu e as minhas circunstâncias". A minha vida não é só minha vida, quer dizer, não é só a vida que está dentro do meu indivíduo: Cortella é múltiplo na minha vitalidade. Eu não sou eu sozinho, mas sou eu e um conjunto de vitalidades que me compõem e com as quais me relaciono, me abasteço, me oponho... Sou autônomo nesse sentido. Eu sou uma das individualidades, mas não sou sozinho. Sou um indivíduo. Em síntese, sou único, mas não sou *o* único. Eu não conseguiria falar da minha vida restringindo-me apenas a mim sem mencionar os outros que comigo estão nesta vida. Porque a minha vida não existe sozinha, isoladamente. É uma vida com outras pessoas. Falar da minha vida significa falar de história e não de biografia.

Rios – Exatamente. Ortega y Gasset, que você acaba de mencionar, tem uma reflexão belíssima sobre o tema. Ele diz que a solidão só existe contraposta à ideia de companhia. Se existisse apenas um homem, ele não seria um homem só, um solitário. Cada um de nós é sozinho *dos outros*. Sentimos a solidão porque a companhia, o fato de estarmos juntos, é um dado de nossa existência.

Talvez essa ideia de solidão possa ser um caminho para pensarmos na questão da duração da vida, da longevidade;

pensarmos nas coisas que se falam sobre os mais velhos, na solidão que eles experimentam em razão de certo afastamento dos outros, no lugar que ocupam na sociedade e até mesmo no direito à solidão... Porque a solidão tem uma dupla significação: ela ganha caráter negativo quando é imposta, de fora, num movimento de exclusão, de alheamento, e é algo positivo quando se caracteriza como um afastamento escolhido pela pessoa quando explora a possibilidade de voltar-se para o seu interior, ampliar seu autoconhecimento. É possível romper com o aspecto negativo quando se afirma o gesto solidário, a consideração do outro como constituinte da existência e da manutenção das sociedades e da identidade dos indivíduos que nelas vivem. E quando não há intencionalidade de afastar-se, se a solidão é algo imposto, é possível a pessoa sentir-se solitária mesmo no meio da multidão. O sociólogo americano **David Riesman** faz referência a uma *multidão solitária*, título que deu a um de seus livros que se tornou famoso no campo das ciências sociais.

Cortella – Você lembra algo que é uma mudança de visão em relação às várias sociedades no mundo. Por exemplo, a sociedade ocidental, que é *labórlatra* (isto é, idolatra o trabalho), olha o idoso como encargo e não como patrimônio. Quando observamos várias sociedades pelo mundo afora, especialmente as africanas, as asiáticas, as árabes, vemos que elas olham o idoso como um patrimônio – de conhecimento, de capacidade, de história, de afeto, de autoridade. Já nós desprivilegiamos o idoso. Nós o colocamos como um sujeito de direitos, mas que hoje aparece no cotidiano muito mais como necessitado de proteção – a noção de *inválido*, ou seja, aquele que já não tem valia, não tem valor – do que como merecedor de respeito. Acho que a grande questão do idoso hoje é a solidão, muito comum nas sociedades ocidentais, ou ocidentalizadas.

Uma coisa que o Japão perdeu nos últimos tempos foram alguns traços distintivos da sua cultura. A ocidentalização japonesa levou sua população a não olhar mais a vida como quatro estações, passando a encará-la como um contínuo verão, que é uma característica da atual sociedade ocidental. Tem que ser o brilho, a luz; a vida entendida como verão contínuo, e não como energia contínua.

Por que estou dizendo isso? Porque eu acho que essa perspectiva agrava o sofrimento de alguns idosos. Numa sociedade que entende o trabalho como valor máximo, se o idoso não representa um patrimônio, fica isolado e desvalido (estou tomando a ideia original de *des-valia*, aquele que já não tem valor; teve no passado, agora não mais). Ele já não fica mais na sala, ele vai para o aposento. Em inglês, *retired*, "retirado", "aposentado". Ou em espanhol, pior ainda, *jubilado*, quer dizer, recebeu sua jubilação – que não é júbilo no sentido de alegria, mas no sentido escolar antigo, de ser colocado fora. Ser jubilado é ser dispensado. Nessa hora, esse tipo de vida longa perde largura.

Rios – É isso mesmo. **Simone de Beauvoir** trata essa questão de modo excelente no seu livro *A velhice*, publicado há mais de cinquenta anos, e que ainda mantém atualidade na maior parte de suas considerações. O primeiro volume do livro tem como subtítulo "A realidade incômoda". Na apresentação, ela diz: "O fato de ser um homem reduzido à condição de 'sobra', de 'resto', durante os últimos quinze ou vinte anos de sua existência, comprova a falência de nossa civilização: semelhante evidência nos deixaria interditos se considerássemos os velhos como seres humanos, tendo às suas costas uma existência humana e não como cadáveres ambulantes". É um quadro pintado com cores fortes, mas que não deixa de corresponder ao que se encontra na realidade. É isso que a leva a ser considerada incômoda.

Cortella – E não é inusual que pessoas com essa idade mais avançada, quando isoladas, digam: "Não quero mais viver". E aí começam a usar uma frase muito comum que é "não sei se vou estar aqui ano que vem", em vez de "vou estar aqui o ano que vem" ou "se estiver aqui, vou fazer isto, aquilo" etc. Em outras palavras, surge um desejo de morte, uma pulsão tanática que elimina a pulsão erótica que a convivência traz.

Rios – Realmente é curioso como as expressões com as quais nos encontramos no cotidiano trazem à tona os valores que subjazem a cada fala. Por exemplo, há quem diga: "Tenho mais passado que futuro". Quem garante? Supostamente, tenho um número maior de anos vividos do que por vir. Futuro é o que está *por vir*. Mas o que significa isso? Há um único tempo de fazer a história, que é o presente. É nele que se cruzam o passado como tradição, como memória, e o futuro como projeto. Eu costumo perguntar às pessoas: "Onde está o garoto de sete anos que você foi?".

Cortella – "Comprem chocolates à criança a quem sucedi por erro, e tirem a tabuleta porque amanhã é infinito." Esta é a frase mais terrível do Fernando Pessoa: a "criança a quem sucedi por erro".

Rios – Há um belo livro de Ana Maria Machado, intitulado *Bisa Bia, Bisa Bel*, que diz que nós somos "trança de gente". Quando pergunto a alguém "onde está o menino de sete anos que você foi?", a pessoa tende a dizer que ele ficou para trás. Quase chego a fazer o gesto de olhar para trás para ver onde está o garoto. Mas não, ele está aqui. Neste Cortella de hoje está o menino de sete que você foi e está o homem que você será, ou não seria o Cortella. Eu sou o que fui... Eu sou esta Terezinha por causa da jovem de 15 anos que fui e por causa da mulher que quero ser aos 90 anos. Isso é fundamental porque não é o caso de dizer "agora tenho pouco futuro". Quem mede esse futuro? Tenho um grande futuro quando projeto grandes coisas para ele, quando meus sonhos o fazem crescer.

Cortella – Você tem uma visão extremamente positiva, boa até. Mas eu tenho clareza de que o número de dias que tenho para viver é menor do que o de dias já vividos.

Rios – Ninguém lhe garante, veja os avanços tecnológicos...

Cortella – Não, é questão de telômeros. A genética indica que existem telômeros dentro das minhas células. Telômeros são os marcadores de tempo dentro da célula. Cada célula tem telômeros que vão indicando qual o tempo de vivência. Temos em nossa genética telômeros que indicam se vamos viver até 70, até 80, até 90 anos...

Para que retomar isso? Porque, por mais que queiramos embelezar a conclusão da vida, ela só poderá ser bela pelo que a vida foi ao longo de nossa história. Em resumo, a pessoa só morre em paz se viver em paz. E viver em paz não é viver sem problemas, sem dificuldades, sem encrenca. É viver com a convicção de que não se está sendo banal, superficial, fútil, inútil.

Tenho certeza de que o número de dias que tenho para viver é menor do que o de já vividos, mas isso não me assusta, antes me alerta contra a perda de tempo, não posso perder tempo. Por exemplo, literatura... Já não leio qualquer

> **A pessoa só morre em paz se viver em paz. E viver em paz não é viver sem problemas, sem dificuldades, sem encrenca. É viver com a convicção de que não se está sendo banal, superficial, fútil, inútil.**

coisa. Nos meus 16 anos, eu tinha todo o tempo do mundo para ler, inclusive para o que não deveria ler. Como dizia Millôr Fernandes, há livros aos quais nunca mais conseguimos voltar depois que os largamos – nem devemos. Eu não tenho mais tempo a perder. Olhe que coisa: quando jovem, eu tinha tempo a perder, porque eu contava com um tempo que era disponível numa quantidade presumida de dias. Enfim, eu supunha ter um grande estoque de dias. Mas esse estoque vai diminuindo. Isso significa que eu tenho que ser mais seletivo nas amizades, nas coisas que faço, nas ordens que aceito, nas pessoas com as quais convivo. Em outras palavras, preciso usar melhor o meu tempo. Não porque eu tenha desperdiçado vida, mas porque agora preciso ser mais criterioso na medida em que não tenho tempo para qualquer coisa.

Aliás, há coisas para as quais não tenho mais tempo e não quero ter. Isso é sério. Por exemplo, eu já não guardo mais livros, estou começando a distribuí-los. E agora não guardo mais livros quando os compro. Antes, eu comprava um livro, catalogava e o guardava; agora, se alguém me der um de presente, leio-o e passo adiante. Não guardo mais livros porque, afinal, qual seria a finalidade de que eu os guardasse? Todas as vezes que montei uma biblioteca fui guiado pela lógica de mantê-la porque poderia precisar daqueles livros.

Rios – Concordo com você no que diz respeito à seleção que devemos ir fazendo de coisas que classificamos como dignas de serem vividas. E são tantas... Mas com relação aos livros, ainda não consegui fazer o que você faz. Vou guardando os livros, pensando que ainda irei recorrer a eles. Costumo grifar alguns trechos, faço anotações nas margens e volto a consultá-los, buscando uma citação para colocar em algum texto que escrevo, para explorar numa aula que vou fazer. Para usar uma expressão dos jovens, eu "me amarro num livro"! – gosto das edições cuidadosas, do papel especial usado em alguns deles, até do cheiro. Lembro-me de uma cena do filme *Escritores da liberdade*, em que a professora distribui livros aos alunos, que nunca haviam ganhado nenhum e alguns deles abrem o livro e o cheiram com um ar de prazer e alegria. Às vezes me pego fazendo isso, quando leio ou consulto os livros.

Cortella – Você, sim, mas eu não quero mais consultar. Ou ficou na minha memória, ou não o desejo mais. Se ele precisar ser consultado é porque não fiquei com ele.

Rios – Eu ainda quero mantê-los por perto. Por exemplo, sou apaixonada por um escritor nascido em Angola, que vive em Portugal, o **Valter Hugo Mãe**. Ele é especial. Tem o dom de mexer com o leitor de um jeito muito bom. No livro *O filho de mil homens*, ele fala de certo poder terapêutico da leitura e diz que os médicos, ao procurar fazer o diagnóstico de alguém que se queixa de uma doença, deveriam perguntar: "Há quanto tempo você não lê um livro?". E recomendar a leitura do texto literário como atalho no caminho para a cura. Pode parecer exagero ou brincadeira, mas quem já experimentou ou experimenta esse prazer entenderá bem o que diz o escritor. E o que acontece comigo é que gosto do conteúdo, do texto, e gosto do livro-coisa. Veja, chegamos a essa história de livros e de leitura porque falávamos sobre o tempo dos velhos, da solidão. Um dos motivos pelos quais eu gostaria de ter uma vida mais comprida é a companhia dos livros, que me transporta ao passado e ao futuro, no presente.

A ditadura do relógio e o valor do tempo

Rios – Falando do tempo, de vivências que parecem torná-lo mais significativo, do valor que se atribui a ele em cada contexto, lembrei-me de um trabalho que realizamos com os alunos sobre as características da sociedade moderna. O texto que serviu de base foi "A ditadura do relógio".

Cortella – Esse é um texto muito bonito de **George Woodcock**.

Rios – Sim. Nós estávamos estudando a transição do sistema feudal para o capitalismo e o utilizamos exatamente para apontar as transformações que se deram na vida profissional e nos hábitos dos indivíduos. Woodcock afirma que aquilo que mais diferencia a sociedade ocidental de nossos dias das sociedades mais antigas da Europa e do Oriente é o conceito de tempo. E chama atenção para o fato de que "em nenhum lugar do mundo antigo ou da Idade Média havia mais do que uma pequeníssima minoria de homens que se preocupassem realmente em medir o tempo em termos de exatidão matemática". A invenção do relógio altera esse cenário. E a forma como ele é utilizado na sociedade industrial transforma o tempo: antes considerado um processo natural, ele passa a ser uma mercadoria, que pode ser vendida e comprada como qualquer outra. E o tempo do relógio determina o ritmo de vida dos seres humanos.

Cortella – Uma mercadoria que alguém pode comprar, que é a ideia básica da *jornada*. A jornada, o jornaleiro, o mensalista, o diarista são aqueles que vendem o tempo. Eu vendo o dia, o *jour*, logo sou jornaleiro, diarista; ou posso ser um mensalista. Desse modo, quando meu tempo é "oferecido" ao outro, estamos entendendo-o como propriedade – que é, no fundo, a vida como propriedade. Em *Segundo tratado sobre o governo civil*, **John Locke** discute como propriedade natural sobre si mesmo o direito de cada um despender seu tempo como desejar, isto é, fazer o que bem entender da sua vida. Já **Benjamin Franklin**, que é o autor da frase "Tempo é dinheiro", estava num movimento ligado à estrutura de uma nova organização do capital. Afinal, ele estava vivendo o auge da industrialização do século XVIII – daí a noção do tempo como algo que pode ser negociado com terceiros. Eu alugo uma parte da minha vida para você ao trabalhar para você.

É interessante porque parece que a aposentadoria se dá, em tese, quando eu tomo minha vida de volta, isto é, não trabalho mais para ninguém. Agora o tempo é meu, posso fazer dele o que quiser. E por vezes escutamos de um aposentado: "Tenho tempo sobrando". E se alguém tem tempo sobrando – aí vem o outro lado –, como usar esse tempo? Esse tempo terá muito valor se for aproveitado para viver melhor. Mas o problema é se a pessoa permanece sem se envolver em nada, não ter o que fazer... Porém, não nos esqueçamos de que ócio não é vagabundagem. Ócio não é não ter o que fazer, mas escolher o que fazer no tempo livre. Nesse sentido, alguém que não tem o que fazer não é alguém livre, porque não tem escolhas.

Rios – **Adélia Prado**, em *Solte os cachorros*, diz: "Profundamente, se tivesse garantias de que não pecava ia fazer o que gosto, isto é, nada. Mas um nada muito produtivo".

Cortella – Pensamento bem de acordo com as ideias apresentadas por **Domenico de Masi** em sua obra *O ócio criativo*. Aliás, no livro *Bagagem*, da Adélia Prado, encontra-se o poema "Tempo" e também outro, em que ela diz: "Eu sempre sonho que uma coisa gera".

Rios – O poema se chama "Leitura". Nos versos finais, ela diz: "Eu sempre sonho que uma coisa gera, nunca nada está morto. O que não parece vivo, aduba. O que parece estático, espera". É belíssimo!

Cortella – Como você sabe, foi o **Drummond** que chamou a atenção para a poesia da Adélia Prado, escrevendo os primeiros textos sobre a qualidade do trabalho dela. Aliás, ele tem um poema maravilhoso chamado "Memória", que termina com esta ideia triste e forte: "Mas as coisas findas, muito mais que lindas, essas ficarão". Penso que uma das grandes questões da vida, considerando a longevidade, é avaliar o que significa eu ter esta vida. Posso olhar para ela toda, para tudo o que passou, para tudo o que vivi, e sorrir; ou posso olhar para tudo e lamentar.

Rios – A pergunta que a gente faz é: "O que fica?".

Cortella – O que fica em mim, antes de qualquer coisa.

Rios – Sim, falamos que fica como herança, mas, na verdade, é o que se eterniza em nós mesmos, aquilo que julgamos digno de ser preservado. Em alguns momentos de minha vida, tive vontade de fazer um diário. Quem escreve um diário, na certa o faz não apenas pelo registro imediato, mas para voltar ao escrito, ao vivido. Sempre que li boas autobiografias, fiquei com vontade de escrever uma também. Por isso gostei de escrever os memoriais que nos exigem nos concursos acadêmicos. E achei ótimo escrever um texto que foi publicado num livro organizado pela professora Beatriz Fischer, intitulado *Tempos de escola: Memórias*, que traz relatos de professores sobre suas experiências como alunos. E é talvez com o intuito de rememorar que às vezes voltamos a consultar antigas agendas.

Cortella – Eu sempre mantive e guardo até hoje uma agendinha. Gosto de agenda física, de papel, em vez da digital. E todos os anos eu tinha que anotar os telefones de todas as pessoas na nova agenda. Assim, eu ia fazendo uma seleção, ano a ano, de quem não estava mais, de quem eu não queria mais que estivesse, de quem deixou de estar ali comigo, de quem eu gostaria que tivesse continuado etc. Nesse sentido, renovar a agenda de telefones na última semana de dezembro era um ato especial de revisão de vida. Não era uma simples cópia automática. Porque a cópia automática leva a um equívoco, que é o de supor que todos estão conosco ainda. Alguns já não estão porque morreram, outros não estão porque não deveriam mais estar, outros porque não quero que estejam, outros porque não podem.

E também os aniversários. A ideia de aniversário tem muito a ver com vida, porque a pessoa comemora a idade... E nesse dia as pessoas batem nas costas e dizem: "E aí, hein? Está ficando mais velho", como se isso fosse uma ameaça.

Rios – Ou não se comemora o aniversário exatamente porque ele implica isso, que se está ficando mais velho. Acho muito importante isso que você diz sobre a agenda. Acontece o mesmo comigo. A agenda ganha uma "nova edição". Sempre me lembro de que você costuma dizer que a cada dia você é a mais nova edição de você mesmo. É isso que acontece conosco e com os que mantemos na agenda: todos em nova edição. É uma ótima metáfora!

A ampliação do horizonte de vida

Cortella – Agora, acho que devemos tratar de um ponto importante sobre o tempo de vida de que dispomos. Lembremos que nós tivemos um alongamento do tempo vital. No começo do século XX, a expectativa média de vida dos indivíduos era de 42 anos. No início do século XXI, saltou para 72. Logo, quase dobrou. Tal incremento na média do tempo vital foi uma consequência da melhoria das condições de saneamento, do avanço da ciência, da maior disponibilidade de bens de consumo, de bens de produção...

Rios – Isso acontece, entretanto, apenas para alguns.

Cortella – É verdade, para alguns, porque estamos falando de uma *média*, portanto, não se trata de vida longa para todos. Essa ampliação da expectativa de vida fez com que muitas pessoas tivessem um estoque maior de dias, relacionando essa questão com o que dizíamos antes. E esse estoque maior de dias nos levou a alterar nossa perspectiva em relação às fases da vida. Hoje pensamos a infância, a adolescência, a maturidade e a velhice de modo diferente. Não acho que seja tudo mais lento. Nós reposicionamos o que fazer nesse tempo. Dou um pequeno exemplo: quando eu era menino, a vida durava 60 anos. Então, havia três grandes blocos: 20, 40 e 60 anos. De zero aos 20 anos, a pessoa se programava. Quer dizer, aos 20 anos ela deveria saber o que ia ser na vida, com quem ia casar, ajoelhar-se diante de um altar para jurar que viveria com aquela pessoa até a morte – e uma das coisas boas é que a morte não demorava. (*Risos*) Esse era o esperado de zero aos 20 anos. Aos 20 anos, começava a se reproduzir e trabalhava intensamente até os 40.

Rios – Que é quando a vida começa, como diz o ditado popular.

Cortella – Quando a vida *começava*, porque era quando tinha início a fase da vida sem trabalho. Aí, dos 40 anos em diante, vinha a aposentadoria, um período de maior tranquilidade, com os filhos já criados etc. (até porque as pessoas tinham filhos mais cedo também). Essa imagem mudou completamente. Na segunda metade do século XX, quando um jovem atingia 20 anos, ele considerava que já tinha vivido um terço da vida; com essa idade, hoje, ele viveu apenas um quinto. E sabe disso! Porque sabe disso, ele tem mais tempo. Quem tem mais tempo não cuida tanto do tempo atual. É um princípio básico de economia. Logo, o jovem pode até desperdiçar um pouco de seu tempo.

Rios – Aqui aparece de novo aquela concepção do tempo como mercadoria. Por trás está a mesma noção. Ele tem mais tempo, então pode gastar mais, não é mesmo? Acho que a gente não tem muita consciência da ideia de duração, não pensa nela senão em algumas ocasiões. Por exemplo, quando vou à livraria e encho uma sacola de livros, devo pensar que vou viver pelo menos mais 30 anos para poder ler tudo aquilo. Aí me lembro de algo que você, Cortella, comentou certa vez: quando eu olho a validade do iogurte é porque tenho certeza de que vou viver mais do que ele, não é verdade? É isso. A minha preocupação com a validade do alimento é, em realidade, uma preocupação com a minha validade...

Cortella – E não com a dele.

Rios – Pois é. Isso vale até tal dia do mês que vem... Essa data é daqui a pouco... Eu não imagino de jeito nenhum que meu prazo de validade vai terminar antes do que o dele. Nem penso nessa possibilidade! Quase tenho certeza. De certa maneira, é bom que a pessoa não fique pensando que pode morrer amanhã, pois isso poderia favorecer um tipo de morbidez. Uma amiga me contou sobre sua mãe que, com 74 anos, já estava esperando a morte. Eu fiquei surpresa; afinal, naquela ocasião, ela só tinha alguns anos a mais do que eu. O que se percebe é que há pessoas que determinam seu prazo...

Cortella – Gostei do raciocínio... O tempo que ainda temos é horizonte e limite.

Rios – A pergunta é *quanto* tempo. Contar com mais três quartos é diferente de contar com mais quatro quintos. E, além disso, há que considerar a relatividade do tempo. Creio que isso é uma coisa importante para pensarmos: a qualidade do tempo e como nós o encaramos. Nesse particular, gosto muito de uma frase de **Rubem Fonseca**, em seu livro *Agosto*, que diz mais ou menos o seguinte: "O tempo passa devagar na sala de espera dos hospitais". Eu a reencontrei numa reportagem de um jornal universitário, da PUC-RS, escrita por Carolina Marquis. Ela afirma, além disso: "O nome faz o lugar: sala de espera". A espera dá um significado diferente ao tempo.

Cortella – É verdade.

Rios – O tempo passa depressa quando estamos conversando aqui, quando estamos tomando um vinho com os amigos. Qual a velocidade do tempo? Para nós, humanos, o tempo adquire diferentes ritmos dependendo do valor a ele atribuído a cada momento, conforme o que estamos vivenciando e as emoções que experimentamos. Nós dizemos que "o tempo passa", mas nós também passamos com ele. Somos passageiros...

> **Nós dizemos que "o tempo passa", mas nós também passamos com ele. Somos passageiros...**

Cortella – É que aí há uma separação estranha entre vida e tempo. Porque o meu tempo coincide com a minha vida, só que o tempo não é só meu. Apenas o meu tempo coincide com a minha vida.

Aprendi duas importantes lições sobre o tempo ao longo da minha vida. Como pai que educou os filhos, descobri que, até determinada idade (uns cinco ou seis anos), a criança não tem um domínio do tempo que não seja o imediato. E, portanto, é absolutamente inútil dizer para ela: "Se você não fizer isso, não poderá ir ao cinema no sábado". Se estamos numa terça, a noção de que ainda haverá quarta, quinta e sexta é absolutamente inexistente para ela. Porque a vivência do tempo depende da sua experiência de vida.

Rios – Sobre essa questão, com frequência conto que, quando tinha uns três anos, meu filho, Filipe, perguntava: "Amanhã vocês me levam ao Playcenter?". Nós respondíamos: "Levamos". Pois a primeira coisa que ele perguntava no dia seguinte era: "Hoje é amanhã?".

Amanhã não chega nunca, mesmo, pois quando chega já se transformou em hoje.

Cortella – Pois é, a criança não tem uma noção estendida do tempo.

Aprendi uma segunda lição em relação à inexorabilidade do tempo como vida quando nasceu a Ana Carolina, uma das minhas filhas. Com cinco dias ela teve meningite na maternidade. Fiquei dez dias ao seu lado, porque a mãe dela teve de ficar de repouso por conta de uma cirurgia. Fiquei lá durante todos esses dias, olhando para ela e falando com ela, porque tinha que estimulá-la.

Mas por que eu me lembro da inexorabilidade? Ela tinha apenas cinco dias, e precisávamos encontrar um médico que fizesse o exame de líquor, isto é, retirasse parte do líquido espinhal para enviá-lo a um laboratório onde seria realizada uma cultura de bactérias para descobrir qual era o tipo de meningite. Bom, em primeiro lugar, não era algo que alguém em sã consciência quisesse realizar, pois se trata de um exame muito delicado. Além disso, quem seria maluco de introduzir uma agulha daquele tamanho numa criança de cinco dias?! A probabilidade de deixá-la paraplégica ou tetraplégica era altíssima. Até que encontramos um médico que aceitou fazer o exame. Só que o líquor foi levado para um laboratório – isso é uma das coisas que o dinheiro não compra –, e lá os médicos disseram que tinham de esperar a colônia de bactérias crescer, o que demoraria 72 horas. E aí eu me dei conta, pela primeira vez, apesar de ter estudado filosofia boa parte da minha vida (nessa época eu estava com 24 anos), que 72 horas são 72 horas. Isto é, eu não faria as bactérias crescerem, por mais prestígio que tivesse. Fosse eu o prefeito de São Paulo, fosse o dono da maior empresa do país, 72 horas são 72 horas. Se eu arrumasse, na época, um milhão, ainda teria de esperar aquele prazo que parecia interminável.

Essa noção da inexorabilidade do tempo me passou a ideia da inexorabilidade da vida, ou seja, há um tempo que deverá ser vivido e que pode até ser abreviado, na minha liberdade, visto que tenho a opção de sair da vida; mas, se eu for vivê-la, o tempo é inexorável. Para acontecer ou para não acontecer. Em outras palavras, *meu* tempo vai cessar, mas o tempo persistirá.

Como dizia antes, eu sou único, mas não sou *o* único. Nessa perspectiva, acho que, quando educamos pessoas na escola, na família, na mídia, precisamos pensar como há noções de tempo diversas entre as gerações. **Paulo Freire** chamava isso de paciência pedagógica, histórica e afetiva. Em alguns momentos somos impacientes em relação a alguns aspectos de pessoas de outra geração, ou, ao contrário, elas é que são impacientes, querem tudo na hora, ao mesmo tempo. Então, essa convivência intergeracional faz com que nós precisemos atentar para o fato de que há uma diferença que deve ser levada em conta. Nem sempre temos que nos submeter a ela, mas sem dúvida temos que levá-la em conta. O tempo de um jovem de 20 anos não é o mesmo que o meu, que tenho 69 anos.

Rios – Embora, Cortella, do ponto de vista histórico, esse tempo seja de todos. É engraçado falar isso. As pessoas usam a expressão "no meu tempo" se referindo, em geral, ao passado. Mas o tempo de cada um e de todos é o presente. Há um trabalho primoroso do historiador João Paulo Pimenta, intitulado exatamente *O livro do tempo: Uma história social*. Ali ele afirma, citando **Hans Meyerhoff**, que "não há nenhuma experiência que não tenha um índice temporal ligado a ela". E lembra que, ao contrário do que se afirma constantemente, "nada na história está à frente de seu tempo: tudo está na sua época, tudo é de alguma maneira possibilitado por essa época e traduz suas condições, valores e vontades". Assim, só posso falar "no meu tempo" se me refiro àquele em que estou vivendo, e ele não é apenas meu – é de meus pais, de meus filhos, de todo mundo que nele está presente. Está *presente* – olha só como a expressão é indicativa do tempo. Por isso, para brincar, Millôr Fernandes tem uma frase magistral que diz algo assim: "Atenção, moçada, quando eu digo 'no meu tempo' é daqui a dez anos".

Cortella – Aliás, você lembrou uma coisa ótima porque se o meu tempo é o de todos, a minha vida não é a de todos. A minha vida é *com* outros, mas não é a mesma dos demais, e, se *com* os outros, não vale mais ou vale menos.

Rios – Sim, acho que esse tempo de todos remete mesmo para uma perspectiva ética da vida. O tempo de todos está associado a uma ideia de bem comum, questão central da ética: o que é comum, partilhado. Mas o tempo de todos não é vivido por todos como o mesmo tempo. É isso que você dizia ainda há pouco. O tempo do garoto de 20 anos hoje é diferente do meu tempo de mulher de 80 anos. A questão não é o tempo, propriamente, mas a experiência que nele se vive, que é múltipla e diversa.

Cortella – Creio que há uma transição no que você está dizendo... Até onde sei, somos a primeira geração de pessoas na faixa dos 60, 70 anos que cuida da geração que veio antes e da que veio depois. Isto é, que tem que cuidar dos pais e dos filhos, e que tem, portanto, uma redução do tempo disponível para si mesmo. Hoje já não nos preocupamos apenas em cuidar de nós mesmos e de nossos filhos – houve uma época em que se esperava que os filhos tomassem seu rumo, cuidassem de si próprios e saíssem das asas dos pais. Isso, porém, não é o que tem acontecido. Hoje temos que acolher também o filho que volta, ou acabamos indo junto com a filha que vai para outra cidade, para apoiar. E ainda aí estão os pais idosos que antes eram cuidados comunitariamente, porque a família vivia de maneira comunitária. No modo de vida atual, nós nos afastamos, ficamos em apartamentos, literalmente apartados em relação a essa convivência. Isso diminuiu um pouco o nosso tempo vital. Por quê? Porque temos dois polos de responsabilidade, em relação a nossos pais e nossos filhos. Com uma ilusão e uma certeza. A ilusão era a de que os filhos pequenos, a cada dia, seriam um problema menor. Já a certeza em relação aos idosos era a de que, como não viviam tanto e nós vivíamos em comunidade, e também como os cuidados com eles eram partilhados entre mais pessoas, aquela era uma situação mais fácil de ser administrada.

A vida só vale porque é finita

Cortella – Alguém me relatou um caso interessante. A mãe viajou por uma ou duas semanas e o pai ficou sozinho. A filha resolveu, então, almoçar com ele. Ela e seu marido foram lá e almoçaram juntos. Ela pensou: "Vamos ficar mais um pouco, afinal, meu pai vai ficar sozinho a semana toda". Mas ela percebeu, depois de uma hora, que seu pai já estava impaciente, demonstrando que queria que a filha e o genro se fossem. Ela se sentiu, de certa maneira, chateada, pois tinha se preocupado, querendo cuidar, e ele, na verdade, queria ficar sozinho. Procurei mostrar a ela então que seu pai só agira daquela maneira porque a mãe ia voltar logo. Há uma diferença entre ficar sozinho e ser solitário. Eu, por exemplo, gosto de ficar sozinho.

Rios – Não só a mãe, mas a filha também voltaria. Ele sabia que poderia contar com a companhia delas. E quando você fala que gosta de ficar só, retoma aquela ideia de que a solidão pode ter um lado positivo ou negativo.

Cortella – Sim, claro. Eu gosto de ficar só, mas não quero ser solitário. Na minha atividade eu gosto de ter sossego, de ficar comigo mesmo em vários momentos, de desfrutar de um pouco de silêncio. Mas não quero ser solitário, porque o solitário seria se, naquele caso, a mãe não fosse voltar. E aí, cada vez que a filha ameaçasse levantar-se com o marido para ir embora, o pai diria: "Fiquem aqui mais um pouco". Mas, como ela ia voltar, o que ele ia fazer? Ele já tinha almoçado, ia se sentar para assistir televisão, dormir no sofá e o casal estava perturbando.

Penso que a pior coisa para uma vida longa na qual a pessoa não tem a presença de outros é quando ela se torna solitária. A solidão é a negação da vida, porque somos seres gregários, gostamos de viver juntos. E porque nós temos essa natureza, quando alguém se torna solitário, de fato, não há por que viver.

Rios – Há perda de sentido. Acho que uma das coisas presente em nossa conversa o tempo todo é a ideia de sentido, do valor desse sentido que se dá à vida. Ela vale por isso. Gosto do livro *Todos os homens são mortais*, de Simone de Beauvoir, exatamente porque a tese que ela procura demonstrar é que a vida faz sentido porque vai acabar. Ela narra uma fábula, a história de um homem que, na Idade Média, toma um elixir da vida eterna. A partir desse momento, a vida para ele perde a graça. Porque ele se apaixona por mulheres que envelhecem e morrem, ele vai à guerra e todos estão empenhados em garantir a vida, mas ele não precisa disso. Então, não encontra sentido em nada. Penso que a solidão está relacionada às vezes com essa perda de sentido.

Cortella – O valor vem pela carência. Aliás, não há valor sem carência. Se eu fosse imortal, a vida não teria graça. Primeiro, porque ela seria insuportável, a menos que eu pudesse ir perdendo a memória.

Assim é, por exemplo, com o alcoólatra: ele não tem prazer na bebida, tem obsessão por beber. O prazer está relacionado à carência. Um copo de água é delicioso quando você está com sede. Ter de tomar seis para fazer um ultrassom de vias urinárias é algo extremamente desagradável. É a mesma água, mas não é a mesma circunstância. Na primeira há carência, na segunda, exagero. A vida só vale porque é finita. Portanto, temos que valorizá-la.

Terezinha, você citou Simone de Beauvoir, e eu me lembrei do filme *Feitiço do tempo* (*O dia da marmota*, em tradução literal do título em inglês), com Bill Murray, dirigido por Harold Ramis. O filme é muito bonito, mas não é mostrada sua parte feia, que é a suspensão do tempo de tal modo que o mesmo dia se repete indefinidamente. Se você se lembra do filme, o personagem acorda todos os dias às seis da manhã com a mesma música, "*I got you babe*", cantada por Sonny e Cher. Então, depois de muitas peripécias para tentar escapar da mesmice, do previsível, ele acaba aceitando a situação e vai se transformando numa pessoa melhor, amável, solidária; passa a se interessar pelas pessoas e a ajudá-las, a conquistá-las, descobre-se capaz de amar e busca conquistar a pessoa por quem se apaixona. O filme é bonito porque, no final, ele volta ao tempo outra vez. E, ao voltar novamente ao tempo, a vida passa a ter graça. O viver as mesmas coisas, com as mesmas cenas não apresenta motivação, não tem graça nem conquistar a garota que ele amava. Ele não teria desafio. No filme ele queria conquistá-la, mas, se depois de tê-la conquistado, ele tivesse que fazer isso todo dia de novo, qual o sentido? Por que alguém vai até o alto do Himalaia? Para se sentar lá, ficar olhando de cima e dizer: "Cheguei ao Himalaia". A partir daí só lhe resta descer. O objetivo é chegar lá no alto.

Mas o filme que mais me assusta em relação à mortalidade e à imortalidade é *Zardoz*, com Sean Connery, dirigido por John Boorman, de 1974. *Zardoz* é uma "brincadeira" com *O mágico de Oz* (*The wizard of Oz*). Trata-se de um povo que, num determinado momento, por causa de um cristal multifacetado, atingiu a condição de imortalidade. Mas, passado o tempo, o povo se desespera e quer morrer, porque já vive há 400 anos e tudo é tedioso porque tudo é sempre igual. Zardoz, um homem mortal, faz parte de uma comunidade de escravos que trabalha para os imortais, servindo-os. O que eles querem é que um dos escravos consiga quebrar o cristal da imortalidade. E é exatamente o personagem do Sean Connery que vai fazê-lo. Quando ele quebra o cristal, todos se tornam mortais. Aí eles começam a correr pelos campos para serem assassinados. Isso tudo é feito ao som do terceiro movimento da *Sétima sinfonia* de **Beethoven**. É maravilhoso observar as pessoas que, depois de 400 anos, pedem a bênção de serem executadas.

Alguém poderia perguntar: "Por que isso se o nosso sonho é a imortalidade?". Não, o nosso sonho não é a imortalidade; nosso sonho é a cessação do sofrimento. E a cessação do sofrimento se dá não quando você é imortal, mas quando você, sendo mortal, sabe que, como diziam nossas avós, "não há mal que sempre dure nem bem que nunca se acabe". Nós precisamos, portanto, da carência.

Rios – Precisamos mesmo. Num dos poemas de Drummond encontramos o verso: "E como ficou chato ser moderno, agora serei eterno". Nossa grande vantagem é que somos mortais, mas podemos ser eternos. Talvez seja isso que marca a construção da vida para nós ficarmos de alguma maneira – seja na memória do outro, seja no livro que escrevemos, seja na árvore que plantamos. Jeito de durar mais e que dá satisfação. Interessante: falamos de Fernando Pessoa, de Mario Quintana, de filósofos e dramaturgos gregos, de pessoas que já morreram. E ao falar deles, os trazemos à nossa presença. Aqui estão eles: mortais, mas eternos. E queremos que isso aconteça conosco, procuramos garantir nossa cota de eternidade.

Cortella – Como diz a máxima de **Augusto Comte**, "cada vez mais os vivos são governados pelos mortos". Desse ponto de vista, ensinar filosofia é, acima de tudo, ser capaz de fazer autópsia. (*Risos*)

Quais são seus planos para o futuro?

Cortella – Gostaria de trazer aqui uma reflexão que já fiz em outras situações e que não queria perder nesta conversa. É sobre a vida que estamos vivendo: ela é válida ou inválida, isto é, ela é consciente ou não?

Costumamos pensar nisso quando o final do ano se aproxima e a ocasião é propícia para fazermos uma revisão porque queremos re-despertar, queremos um *réveillon* (de *réveiller*), momento em que comemoramos a passagem de um ano para outro. É muito comum pensarmos o que vale a pena. "Este ano eu vou... eu vou... eu vou..." Em síntese, fazemos projetos, jogamos algumas coisas lá para frente. Claro que só podemos jogar lá para frente se acreditarmos que vamos durar mais do que a mostarda e a salsicha (só retomando sua questão com o iogurte). Para podermos fazer planos é preciso supor que temos futuro.

Pois bem. Tenho um hábito, bem simples e objetivo, que coloco em prática todos os anos em relação a vários aspectos da vida. Quando chega o dia 31, na passagem para o dia 1º, antes de me juntar à família e aos amigos, pego uma folha de papel sulfite e dobro-a no meio para formar duas colunas; de um lado escrevo "apesar de" e, do outro, "por causa de". Procuro, assim, listar meus senões e minhas razões. No alto, faço vários enfoques. Posso escrever: "Continuo casado"; aí tenho o "apesar de" e o "por causa de". Então completo: "apesar de ser difícil", "apesar de ter diferenças" e "por causa do amor", "por causa da companhia", "por causa da vitalidade". Outro item: "Continuo trabalhando 'apesar de' e 'por causa de'".

Estou dizendo isso porque, ao longo do ano (portanto, no tempo), quando somamos mais senões do que razões, isso é sinal de que alguma coisa precisa ser mudada. Quando os senões ultrapassam as razões, o item analisado está perdendo o sentido. O que vale? Uma vida com valor é aquela que você deseja, de fato, viver. E querer viver é aquilo que lhe dá razões. Por isso o suicídio, como diria **Albert Camus**, é a única verdadeira questão filosófica. Porque, como se trata de um ato que marca a ausência absoluta de razão, como é a mais racional das irracionalidades – já que é a única escolha racional da perda total da razão –, ele é muito sério. Abreviar a vida, que já é curta, é uma decisão livre. Nesse sentido, penso que um ato piedoso do suicida

Uma vida com valor é aquela que você deseja, de fato, viver. E querer viver é aquilo que lhe dá razões.

seria deixar um bilhete. Suicidar-se sem deixar um bilhete é uma crueldade imensa, porque isso levará cada um a ficar imaginando: "O que eu deveria ter feito?" ou "O que eu fiz para que ele ou ela fizesse isso?". Penso então que o suicida, que é alguém absolutamente livre, se estiver com as faculdades mentais em ordem, deve deixar um bilhete. É uma obrigação ética. Afinal, certamente há um motivo para alguém optar por abreviar a vida.

Rios – Os motivos podem ser muitos, mas creio que o maior mesmo é a perda do sentido da existência. Ligando isso ao que vínhamos falando sobre os velhos e o tema da aposentadoria, quero comentar um trecho de um livro, chamado *O palácio de inverno*, de **John Boyne**, o mesmo autor de *O menino do pijama listrado*. É um romance interessante, que entrelaça ficção e referências históricas. Um jovem casal russo deixa seu país em 1917, indo para Londres, e o rapaz, que é o narrador da história, vai trabalhar numa biblioteca. Em uma das passagens, ele fala sobre a aposentadoria de seu chefe. Conta que o grupo de funcionários organizou uma festinha de despedida e várias pessoas discursaram, desejando-lhe felicidades no futuro. Diziam que o invejavam, pois, livre das obrigações do trabalho, ele poderia fazer o que bem entendesse na vida. Mas o chefe, com ar melancólico, afirmava que era sozinho no mundo, sem parentes, e que o serviço era a única razão para que ele se levantasse, a cada dia. Isso aconteceu numa sexta-feira. Na segunda-feira, o recém-aposentado apareceu lá na biblioteca. Não fez o que fazia porque outra pessoa já estava em seu lugar, mas se ofereceu para ajudar os colegas, conversou com um e outro e ficou por ali até o final do expediente. Na terça, sucedeu a mesma coisa. E na quarta. Na quinta-feira, o novo chefe chamou-o e lhe disse que todos gostavam de vê-lo, mas que estavam ali para trabalhar. E lhe recomendou que fosse para casa e fizesse o que nunca tinha podido fazer enquanto estivera o tempo todo trabalhando na biblioteca. E então o narrador diz: "O pobre sujeito fez exatamente isso. Foi para casa e se enforcou na mesma noite". Trago isso para falar sobre a perda de sentido, que pode acontecer na vida de qualquer pessoa, mas que pode ter uma força maior nos mais idosos. Menciono aqui a situação do aposentado, porque os indivíduos podem estar tão apegados ao trabalho, que julgam que apenas ele dá sentido à sua vida. Penso que há uma representação social da aposentadoria, que vai se modificando. Antes, o aposentado era aquele que havia conquistado o direito de se sentar o dia inteiro na varanda de pijama, sem nada para fazer. Agora isso mudou. As pessoas já planejam o que fazer quando se aposentarem. E a ideia mais frequente é a de aproveitar melhor o tempo, que antes era todo concentrado no trabalho. E mais ainda: hoje as pessoas se aposentam com uma idade menor. Mas ainda se associa o aposentado ao idoso.

Cortella – Existe toda uma indústria voltada para o idoso. Do ponto de vista do mercado, ele é um tipo específico de consumidor.

Rios – Exatamente. As agências de turismo promovem viagens para grupos de idosos e procuram saber em que estão interessados. Algumas vezes podem se enganar ao pensar que eles querem ficar recolhidos, tomar um chazinho, jogar xadrez, dormir cedo. Acabam descobrindo que muitos preferem dançar, fazer caminhadas, tomar um uísque. O engano acontece em função de uma representação, de um imaginário da velhice que não corresponde à realidade. Criam-se muitas imagens equivocadas. E até a própria referência ao velho, ao idoso, guarda esse equívoco. Fala-se em "melhor idade", por exemplo. Por que "melhor idade"?

Cortella – Não gosto de "melhor idade" nem de "terceira idade". Prefiro e insisto que seja idoso, porque na semântica atual *velho* é aquilo que é descartável, gasto, acabado. Há uma diferença entre antigo e velho. A obra de Paulo Freire ou a música de **Catulo da Paixão Cearense** são antigas, não são velhas.

Isso se aplica às pessoas também. Por exemplo, o pensamento de **Platão** é antigo, não é velho. Museu não é lugar para coisas velhas, é lugar para coisas antigas. O antigo tem valor, é a tradição.

Prefiro trabalhar a ideia de idoso, porque idoso é aquele que tem mais idade. É diferente de velho. É possível ser velho aos 15 anos. É possível encontrar uma pessoa que já envelheceu nas ideias, nas práticas, na percepção, que não tem autocrítica, que é alienada. Tenha, então, a idade que tiver, é velha. Eufemismos como "melhor idade", entre outros, também foram sendo construídos pelo mercado. O mesmo aconteceu com a palavra "bicha", que foi substituída por *gay* aqui no Brasil. Criou-se um mercado *gay*, com produtos que vão de imóveis e viagens a roupas, acessórios etc. A ideia de *gay* se tornou algo simpático, ao passo que "bicha" tem um sentido altamente ofensivo.

Desde que meus filhos eram pequenos, sentamo-nos muitas vezes à mesma mesa para almoçar. É uma mesa antiga, em torno da qual meu sogro se sentava com as filhas; portanto, não é velha. Ela já foi reformada várias vezes para continuar existindo. Minha esposa almoçava nessa mesa quando tinha quatro anos de idade, assim como nossos filhos almoçaram nela com quatro anos também. E sempre que nos sentávamos para almoçar, eu me dirigia a eles, independentemente da idade que tinham, e lhes perguntava: "Quais são seus planos para o futuro?". E eles comentavam uma coisa ou outra.

E até hoje vivo perguntando aos idosos da família, que estão com mais de 80 anos: "Quais são seus planos para o futuro?". Essa é minha medida. Uma das coisas que me acalmam é lembrar quando minha mãe respondia a essa questão, já na época beirando os 90 anos: "Vou viajar para tal lugar, vou fazer curso disso ou daquilo". Qual é a frase que não quero ouvir de ninguém (nem de mim mesmo), porque nesse dia ficarei preocupado: "Não sei, Deus é que sabe...". Nessa hora, já não estarão mais idosos; terão envelhecido. Quando a pessoa perde a perspectiva de futuro, isto é, quando ela acha que vai durar menos que o prazo de validade da salsicha, esse é um sinal de que sua vida não tem mais sentido.

Rios – Isso mesmo. Mas quero marcar algo que você disse e sobre o que continuaremos a falar. Você afirma que, quando as pessoas dizem que não sabem o que querem para o futuro, elas terão envelhecido. Ora, a gente vai envelhecendo desde que nasce. Fazemos referência ao filho mais velho (de 10 anos), ao amigo mais velho (de 35 anos) etc. Penso, Cortella, que, em qualquer idade, quando não fazemos planos para o futuro, teremos mesmo perdido o sentido do viver.

Beatriz Di Giorgi, nossa amiga e colega na PUC, escreveu um poema lindíssimo, "Resto da vida", no qual ela diz:

Não suporto quando chamam meu futuro
de resto da vida.
Por que obscurecer o porvir?
(...) Porvir é promessa.
Por isso não me venham difamar a esperança.
Minha utopia não é resto,
é a melhor arma que tenho.

O futuro não é resto – é algo muito sério!

É importante pensar nisso quando se criam as políticas para os idosos, quando se organizam propostas que os envolvem. Há que levar em conta as características do contexto em que vivemos hoje, os problemas específicos, o ritmo da vida. Vivemos em uma sociedade frenética. Veja o intervalo de tempo dos semáforos: que pessoas têm condições de atravessar a rua, a avenida, nos poucos segundos da maioria dos sinais?

Qual o espaço do idoso – que tem energia, experiência e sentido de vida – na sociedade atual, com seu ritmo alucinante, com suas exigências de autonomia no uso da tecnologia (caixas eletrônicos, celulares, tabletes, *twitter*, *check-in* nos aeroportos e assim por diante)?

Como diz Caetano Veloso, o tempo é "tambor de todos os ritmos". Esta metáfora do "tambor de todos os ritmos" é muito bonita, porque é isso mesmo. Os ritmos são diferentes... Em relação a esse aspecto de quanto cada um ainda tem de futuro, Cortella, seria bom que você citasse aquele episódio da época em que você era secretário de Educação e conheceu um casal de velhos que cuidava do jardim de uma escola.

Cortella – Sim, essa é uma história muito interessante.

Rios – E vale a pena trazê-la. Aliás, falei casal de *velhos* porque mais adiante quero fazer a defesa do uso dos termos *velho* e *velhice*.

Cortella – Conto eu, antes, a história que você reavivou. Isso aconteceu em 1991, quando eu era secretário de Educação da cidade de São Paulo. Portanto, há um bom tempo.

Um dia fui visitar uma escola na Zona Leste da capital paulista, uma escola sem muros e com um jardim muito bonito. Cheguei lá no fim da manhã. Um casal de idosos estava limpando o local, cuidando das flores. O jardim era magnífico. Fui conversar com eles e perguntei o que estavam fazendo. Eles disseram que estavam cuidando do jardim. Falei: "Mas como? Vocês não são funcionários da prefeitura...". Pois, claro, pela idade, isso seria impossível. "Vocês estão fazendo isso por quê?" "Porque a gente estuda aqui à noite, gosta da escola e queria cuidar dela." "Como vocês se chamam?", perguntei. Eles se chamavam João e Maria. Parecia historinha...

– Seu João, quantos anos o senhor tem?
– Tenho 91 anos.
– E a senhora, dona Maria?
– Eu tenho 89.
– Que bom. E vocês fazem o que aqui?
– A gente faz curso de educação de adultos à noite.

Eles estavam sendo alfabetizados! E tornei a perguntar:

– Seu João, por que você quer fazer curso de alfabetização?
– Sabe o que é, moço, é que eu quero ser engenheiro. E como tenho 91 anos e não fui alfabetizado, estou agora procurando aprender.

Evidentemente, ele não teria condições de fazê-lo do ponto de vista prático. Ele teria que cursar, na época, Alfabetização, Suplência 1, Suplência 2, Suplência 3, fazer vestibular e entrar numa universidade. Ele não teria tempo vital. Mas, na cabeça dele, isso era suficiente. Perguntei então para a esposa:

– Dona Maria, por que a senhora quer se alfabetizar?
– Sabe o que é, moço, quando eu era menina e tinha 12 anos comecei a trabalhar numa fazenda em Taubaté e eu

cozinhava. Com 12 anos comecei a cozinhar. E até o começo dos anos 1950 eu passei cozinhando para um homem que escrevia livros. Ele gostava demais da minha comida, e eu não podia ler nenhum livro dele. Eu queria me alfabetizar para ler um livro dele.

– E como é que ele se chamava?

– Monteiro Lobato.

Quase caí sentado! Ela queria ler um livro dele porque ele gostava da comida que ela fazia. Ela tinha uma conexão com a história que ultrapassava a sua idade. E, para o seu João, querer fazer engenharia estava num campo da ideia vital que provavelmente lhe dava energia erótica para que o dia dele acontecesse. E olhe que ponta que amarrava: à noite vai para o curso, de manhã vem cuidar do jardim.

Embora haja um forte romantismo nesse relato, ele retrata um pouco a história das pessoas. Quer dizer, a pessoa fica viva e realiza coisas porque tem a perspectiva de futuro. Porém, morre em vida quando não tem mais essa perspectiva.

A pessoa fica viva e realiza coisas porque tem a perspectiva de futuro. Porém, morre em vida quando não tem mais essa perspectiva.

E só voltando à questão das palavras "velho" e "idoso", a noção de velho com esse caráter positivo, que muitos querem lhe atribuir, é estranha à nossa cultura. Ela é tão neutra que passou a fazer parte da linguagem entre os jovens. E não tem nem mesmo gênero. A menina diz: "E aí, velho";

"Ó, velho, eu estava fazendo isso". Ou então, *véio*. Mesmo que esteja se dirigindo a outra menina! Tornou-se gíria, não tem mais substância original.

Rios – Reconheço essa ideia de que o termo *velho* traz essas significações no contexto cultural em que vivemos. Mas eu me lembro de algo que está escrito num imã de geladeira que tenho em casa: "A única forma de viver muito tempo é envelhecer". Ou seja, só vive muito, vive longamente, quem chega até a velhice. Para mim é um dado de história mesmo, talvez da consideração familiar do contexto da história dos velhos. Há uma frase muito bonita que se diz em Moçambique: "Quando um velho morre, arde uma biblioteca". Não se diz "quando um *idoso* morre", e podemos perceber aí a dignidade da noção de velho. Não penso que é atualmente que se dá um sentido positivo a ela. E não acho também que devemos falar em resgatá-la, porque antes havia "respeito pelos mais velhos". Não posso falar em resgate, porque o sentido não existiu originariamente (só se resgata o que se perdeu), mas não me incomoda a palavra velhice, se com ela nomeio uma determinada etapa da vida, determinadas características de um indivíduo. Até vale a pena indagar: idoso é, ao mesmo tempo, um substantivo e um adjetivo. Haverá um verbo correspondente? Eu não me importo de envelhecer. E quero que minha velhice seja da melhor qualidade! Perceba que eu não disse velhice "no bom sentido...!".

Sandra Pinheiro, nossa amiga, fez um comentário muito bonito ao receber um vídeo em que o ator Clint Eastwood encena uma música do cantor e compositor Toby Keith. O título da música é "Não deixe o velho entrar", uma espécie de recusa a envelhecer. Sandra escreveu: "Apesar de todo o pacote de dificuldades físicas e das perdas dolorosas ao longo do caminho, eu decidi deixar a 'velha' entrar. Eu gosto dela, porque só sendo ela é que eu consegui e consigo resolver tantas questões, mágoas e pendências, só mesmo tendo me tornado velha é que consegui viver vida suficiente para juntar um estoque de amores na memória e no coração enorme (cada dia maior!) (...) O que entrou em mim, junto com a velha, foi uma vontade ainda maior de viver bem, o melhor possível, enquanto houver vida em mim". Sei que não é essa a vivência de todos, mas creio que isso rompe com o estereótipo do caráter negativo do envelhecimento.

Cortella – Veja que, nas duas pontas – "você está muito velho" ou "você é muito moço" –, há um alijamento, uma forma de marginalização: fique na sua, não venha opinar. É como se existisse um "miolo" maduro, que é o "miolo" em que as coisas valem. Você não pode ser moço, porque ainda não entende; nem pode ser velho, porque então já não entende mais.

Rios – Pois é. Lembrei-me agora de uma experiência que vivi quando estava no colegial, num colégio que, naquela época, se chamava Colégio Estadual de Minas Gerais, ex-

Ginásio Mineiro. Depois, quando se multiplicaram os colégios estaduais, o nome passou a ser Colégio Estadual Governador Milton Campos. Mas na época em que lá estive, era *o* Colégio Estadual, uma escola fantástica onde tivemos uma experiência de liberdade e de convívio maravilhosa. Passaram por lá muitas pessoas que se destacaram em vários campos na sociedade, como **Henfil**, **Fernando Brant**, **Dilma Rousseff**, entre outros. Mas o que nos interessa aqui é que uma vez por quinzena participávamos de uma atividade chamada Hora Social, organizada cada vez por uma turma, em que se reuniam todas as classes depois do recreio. Tivemos ótimas experiências. Eu ouvi ali o maestro **Isaac Karabtchevsky** fazendo uma articulação entre a *Quinta sinfonia* de Beethoven e a quinta écloga de **Virgílio** – isso quando eu tinha 15 anos! Pense nisso. E era uma beleza, a plateia extasiada.

Quando chegou a vez de nossa turma, foi o professor de latim que nos ajudou a organizar essa atividade. E, para isso, trouxe uma canção, que se chama "*Gaudeamus igitur*", não sei se você conhece. Nós pensávamos que a canção tinha sido escrita por ele. Só descobri que não era anos depois, quando entrei na internet para pesquisar a significação de alguns termos que ali são usados e verifiquei que é uma canção do século XVI, da Alemanha. Eu me lembro bem: "*Gaudeamus igitur, juvenes dum sumus*", ou seja, "Alegremo-nos enquanto somos jovens". E nós cantávamos em latim. "Alegremo-nos, portanto, enquanto somos jovens. Depois de uma vida prazenteira, após uma velhice doentia, a terra nos acolherá". E mais: "Viva a academia, vivam os professores, viva a cidade; morra a tristeza, morra o demônio, morram os que são contra os estudantes". A ideia era que cantássemos com muita alegria mesmo. Havia uma perspectiva de que poderíamos ser felizes também quando chegasse a velhice, em virtude exatamente desse caminho, que fazia com que fôssemos ganhando experiência, tornando a vida, quem sabe, mais fecunda. É a tão decantada sabedoria da velhice.

Na música é usado o vocábulo *senectude* – que vem de senil, algo negativo mesmo. Quando se fala: "Você está perdendo a memória, não tem mais agilidade", por exemplo, alguns costumam dizer: "É senectude" – para não dizer que é velhice. No entanto, eu gosto da ideia. Velhice se associa a longa idade. Longa, não muita – não dá para falar em muita idade. Idoso está associado a idade e algumas vezes se fala numa luta contra a idade. Impossível – não há como não ter idade. Alguns fabricantes de cosméticos costumam oferecer produtos "anti-idade". Nesse contexto, o pensamento é: "Eu não quero ter idade". Veja que coisa estranha! Porque "ter idade" é sinônimo de "ser velho", e isso é que tem uma conotação negativa.

Cortella – De fato, há uma certa "hebiatria" nisso tudo, pois a deusa da juventude entre os gregos era Hebe, mas gosto mais de pensar em Janus, deus romano.

Rios – Que olha para frente e para trás.

Cortella – Porque é bifrontal, isto é, tem duas faces. A vida é Janus. É ter a capacidade de estar aqui com um olhar no futuro e outro no passado. Essa bifrontalidade é decisiva para ter a ideia de percurso, de currículo, da trajetória que se está trilhando. Embora se saiba que essa trilha é finita, não se pode ficar pensando em sua finitude o tempo todo. Chico Anysio dizia: "Eu não tenho medo da morte. Tenho pena". Não é que eu tenha medo de morrer. Não quero morrer porque acho inútil.

Aposentadoria não é desocupação!

Rios – Vamos falar um pouco com nossos "pares", com as pessoas que já têm 60 anos ou mais, na classificação habitual que conhecemos. Por exemplo, alguns dos questionamentos mais comuns entre elas estão relacionados à aposentadoria: "É legal se aposentar? Quero me aposentar? O que vou fazer quando me aposentar?". Elas até afirmam: "Eu vou me aposentar, mas não vou parar de trabalhar". Mas esse trabalhar tem uma finalidade: é para ganhar dinheiro.

Cabe aqui uma reflexão sobre o que significa o trabalho. Porque aposentadoria não significa largar a vida, mas sim largar o trabalho. Ninguém se aposenta de ser mãe, de ser namorado, ou nada parecido. Aposenta-se do exercício do magistério, do exercício de uma profissão, do trabalho como professor, já que não se deixa de ser professor... Isso nos leva a pensar no significado do trabalho na sociedade capitalista, do trabalho que faz de alguém um consumidor muito mais do que um produtor.

Cortella – Deixamos de ser definidos pelo que produzimos para sermos definidos pelo que consumimos.

Rios – Sim. E o que nos interessa aqui é pensar nos indivíduos que se julga deixam de ser produtores e têm também problemas para participar desse mundo do consumo. **Zygmunt Bauman** faz uma análise aguda da sociedade de consumo. Um de seus livros tem um título provocador: *A ética é possível num mundo de consumidores?*. Ali, ele faz referência ao fato de as pessoas ficarem felizes ao comprar determinados produtos, não pelo fato de eles serem bons, mas porque outras pessoas não têm acesso a eles. A fruição, assim, é ter o que o outro não consegue ter. Devemos pensar, então, no apelo constante ao consumo, não só de bens materiais, mas de algo muito além deles, de que os mais velhos se encontram privados.

Cortella – Passamos por uma mudança de patamar. Nos anos 1990, maior era a força da hebiatria com a qual antes brinquei, uma busca desesperada pela juventude, todos queriam ser jovens. Não temos a mesma coisa hoje, já não se tem a mesma obsessão por ser jovem. A obsessão de nosso tempo é por manter o corpo sem marcas de destruição. Em resumo, a pessoa já não quer ter 18 anos. Ela quer ser alguém de 40 anos que pareça ter 18, sendo alguém de 40 sem sê-lo.

Rios – As pessoas descobriram as vantagens da passagem do tempo e da experiência. A ideia subjacente a essa nova mentalidade seria algo como: "Ah, meu Deus! Quem dera eu tivesse conseguido fazer isso na primeira vez da maneira como eu faço agora".

Cortella – Essa onda não terminou, mas já não tem o mesmo impacto. Em vez de "se eu pudesse ter 20 anos com a cabeça que tenho agora", a frase passou a ser: "Com a cabeça que tenho, quero ser como se tivesse 20 anos". Não quero ser alguém de 20. Acho que isso mudou até mesmo no campo da medicina e da estética. Hoje, muitas mulheres, mas também alguns homens, procuram alterar partes do corpo com o uso de cirurgia plástica. Não mais para simular uma idade que não têm, mas a fim de evitar algumas marcas mais evidentes do tempo em sua aparência. Isso indica uma mudança de configuração na percepção da idade, em termos sociais e culturais. Aliás, em breve nosso país vai enfrentar uma questão séria por motivos demográficos: a forte diminuição no número de jovens vai gerar, sem dúvida, dificuldades de sustentação dos idosos das próximas décadas.

Rios – É verdade. A redução do número de jovens está ligada às diversas formas como se organiza a família hoje, a escolha que fazem os casais de terem filhos ou não, a decisão com relação ao número de filhos etc. A referência ao aumento da população idosa nos faz retomar a questão das políticas com relação a ela. Já se constatam avanços, como o Estatuto do Idoso, mas, como em todo instrumento jurídico desse tipo, é preciso verificar como estão sendo implementadas as propostas e como as pessoas têm se comportado em relação a elas.

Cortella – Vários países vêm alterando suas políticas públicas em relação aos idosos. A China, por exemplo, alterou a política demográfica, retirando a proibição de ter mais de um filho, o que reflete um novo olhar sobre a questão de crescimento populacional e as relações sociais. Mesmo porque houve um equívoco na política demográfica adotada, a partir de 1979, naquele país: ao valorizar mais o filho homem, isso gerou uma seleção artificial por parte das famílias, levando ao aumento no número de abortos e até mesmo ao assassinato de crianças. Isso, claro, acarretou também diversos problemas na economia chinesa, como poderá acarretar na nossa.

Rios – Cortella, em relação aos idosos e ao *ethos* na sociedade, o que marca é essa ideia do trabalho. Voltando ao tema da aposentadoria, aposentar-se significa sair de um esquema de produção e de trabalho. Quando as pessoas anunciam que estão se aposentando mas não param de trabalhar, isso ocorre, entre outros motivos, porque sentem necessidade de manter uma ocupação.

Ocupação, aqui, compreendida como o conjunto de todas as implicações de estar em atividade, na perspectiva da sociedade em que vivemos. Ou seja, como algo que rende do ponto de vista financeiro e nos confere uma identidade, reconhecimento social etc. Até o momento de sua aposentadoria, a pessoa pertence a um lugar de onde não só retira sua sobrevivência, mas que também lhe confere um *status*: "Fulano da IBM"; "Sicrano da Nestlé", e assim por diante. Então, quando se aposenta e alguém pergunta: "De onde?", muitas vezes não tem o que dizer. Esse "de onde" parece ser fundamental. Por exemplo, "Mario Sergio da PUC". Enfim, o "de onde" vira sobrenome e, portanto, constituinte da identidade.

Cortella – Em meu livro *Qual é a tua obra?* faço uma distinção, que vale para isso que estamos discutindo, entre trabalho e emprego. Trabalho é fonte de vida, emprego é fonte de renda. Não se devem misturar as duas coisas. As pessoas se aposentam do emprego e não do trabalho. Trabalho é sua obra, sua história. Trabalho coincide com minha vida, com minha ação no mundo. Se eu imaginar que meu emprego é meu trabalho, vou reduzir minha vida a meu emprego e aí, sem dúvida, vou sofrer bastante quando sair do emprego. Mas sair do emprego ou cessá-lo naquele lugar não retira de mim a condição de estar no mundo do trabalho.

> Trabalho é fonte de vida, emprego é fonte de renda. Não se devem misturar as duas coisas. As pessoas se aposentam do emprego e não do trabalho. Trabalho é sua obra, sua história.

Rios – Sim, lembrando que dizer "mundo do trabalho" não é o mesmo que dizer "mundo do mercado".

Cortella – Existem várias empresas que preparam de maneira apropriada o funcionário que toma a decisão de se aposentar.

Rios – Quando fiz a distinção entre mundo do trabalho e mundo do mercado, eu queria pontuar exatamente aquilo que você disse: o fato de que alguém que deixa o emprego não significa que deixa necessariamente de trabalhar. E há mesmo empresas que, pensando nisso, organizam encontros com esses funcionários e há propostas de reflexão sobre o significado desse momento em que se desligam da empresa e sobre os projetos que podem se construir para a continuação de uma vida ativa, num tempo livre mais extenso.

Cortella – Conheço várias experiências. Uma delas é realizada pela Companhia Energética de Minas Gerais (Cemig), que desenvolveu projetos para a preparação da aposentadoria. A pessoa não é só preparada por meio de palestras, conversas, histórias, mas sua preparação começa assim: quando chega o tempo do desligamento, ela vai ao local de trabalho quatro dias na semana e não vai um; depois ela vai três e não vai dois, e assim por diante, de maneira que o desligamento não seja abrupto, que ela possa se preparar para isso.

O Tribunal Superior Eleitoral (TSE) também estruturou trabalhos de construção e recuperação da memória dos aposentados. Assim, oferece a eles a possibilidade de participarem da história. Eles são chamados ao local de trabalho, fora do expediente, para relatar aos mais jovens de tribunal como era antes naquele local, as dificuldades e alegrias que tiveram, de modo que ofereçam histórias de vida nas vidas que, agora, ali estão se fazendo.

Outra organização que consolidou um trabalho semelhante é a Empresa de Correios e Telégrafos (ECT), fazendo da memória um patrimônio da pessoa. Desse modo, ela não se sente desgarrada, não sente que foi deixada de lado. Muita gente entende aposentadoria como um desligamento definitivo em relação ao emprego e a várias situações. Mas não há motivo para considerar que essa nova situação se relacione com seu trabalho, com sua vida em sentido amplo. Uma das perguntas mais tolas que nossa sociedade faz é: "Você trabalha?". "Não, eu sou doméstica, fico em casa" é, muitas vezes, a resposta. Nunca pergunto para uma mulher ou para um homem se trabalha. Pergunto se tem emprego, se tem alguma atividade externa. Porque perguntar se trabalha querendo saber se tem emprego é reduzir imensamente as coisas.

Rios – Exatamente. É o trabalho que constitui o ser humano, que faz com que haja a chamada *condição humana*. Quando falamos de essência humana, talvez ela seja essa capacidade que o ser humano tem de trabalhar e, portanto, de criar uma condição de vida que possamos caracterizar como boa, digna, decente. Vida em que condições? Para bem viver, dependemos de várias condições. As internas (físicas, mentais, emocionais etc.) e as externas, do entorno. E todas elas estão articuladas. O problema é quando alguém diz que não tem condição. Isso quer dizer que as condições não são boas.

Cortella – Até em cargos vitalícios, como no Papado, acabou sendo possível renunciar, uma prática rara na história da Igreja Católica. Sinal dos tempos! Ora, uma coisa é querer garantir que no Superior Tribunal ou no Supremo Tribunal haja alternância para revigorar o grupo. Outra coisa é descartar as pessoas que lá estão como se não servissem mais. Determinar: este indivíduo não é mais um *servidor*; ele não serve mais. Na direção oposta, há países em que os ex-presidentes ganham automaticamente o posto de senador, procedimento que nosso país poderia considerar. Talvez devêssemos analisar essa possibilidade.

Rios – É daí que vem a noção de sênior, não é?

Cortella – Justo! Palavras de mesma origem no latim, *senior, senatus*. Essa seria uma forma de participação do idoso na gestão das instituições. No Supremo Tribunal Federal, como em outros locais, descarta-se. Empresas inteligentes não estão fazendo isso. É que na empresa existe um elemento que geralmente os governos não têm, que é o conselho, um conselho consultivo. Atualmente, nas empresas, é muito comum que pessoas com mais idade sejam aposentadas do emprego, mas sejam guindadas ao conselho consultivo. Por exemplo, Jorge Gerdau, ex-presidente da maior empresa da área de siderurgia, autenticamente brasileiro. Ele não é mais o presidente do Grupo Gerdau, cargo hoje ocupado por seu filho André Gerdau; é, entretanto, presidente do conselho.

Rios – Por exemplo, Antônio Luiz Seabra. Ele já não dirige a Natura, mas preside o conselho. E mantém um contato frequente e enriquecedor com as equipes de jovens profissionais da empresa.

Cortella – Exato. Então, essa ideia do conselho equivale àquilo que os reformados chamam de presbitério, em que os idosos participam do grande conselho que decide. O pastor é jovem. Por quê? Porque ele tem que ter energia, ser ativo, viajar etc. É importante que ele tenha grande vitalidade. Mas quem organiza as políticas, quem as estrutura, são os participantes dos conselhos.

Se nós tivéssemos um reconhecimento desse valor em sociedades como a nossa, teríamos conselhos de idosos em relação ao cuidado com o bairro, em relação ao local de trabalho, em relação à convivência. Nas sociedades não ocidentalizadas ou ocidentais isso acontece – aliás, é o próprio modo de organização da comunidade. Como você bem lembrou, Terezinha, os africanos consideram que "quando um velho morre, arde uma biblioteca". Portanto, a não valorização dos mais velhos é uma coisa típica nossa.

Outro exemplo: nas sociedades não ocidentalizadas, é comum que todos da mesma família vivam juntos. O filho se casa e vem morar junto. Faz-se um puxadinho aqui, outro ali... Meu filho Pedro, que morou no Marrocos, notou que, quando ia visitar uma família, não encontrava uma casa, mas um conjunto de moradias interligadas. Isso acontece também, no Brasil, nas áreas onde a pobreza é maior. O burguês se separa, mas aquele que tem que viver junto vai grudando, construindo cômodos, ajeitando a todos dentro do possível.

Aliás, essa é uma das razões pelas quais estamos formando mal alguns jovens hoje, porque eles estão crescendo sem essa convivência com os avós. Afinal, na casa da avó a gente pode fazer de tudo, menos o que ela proíbe. E a ideia de limite é exatamente esta: você pode tudo, menos o que é proibido.

Então, acho que essa valorização que o emprego tem numa sociedade como a nossa é compreensível, pois sem o emprego não temos a sobrevivência material. Mas é preciso olhar outros modos de viver que não o nosso particular.

Rios – É por isso que devemos pensar no que significa, para a sociedade, o cidadão que não está empregado, que utiliza seu tempo de outra maneira, que pode construir de outra forma a sua vida. Reduzido drasticamente o emprego, as pessoas procuram desenvolver seu trabalho de outra forma ou até experimentar outro tipo de atividade. Muitos jovens, por exemplo, optam por trabalhar como *freelancers*, abrem pequenas empresas, são contratados como "pessoa jurídica". Hoje, carteira assinada pode até ser raro dentro de determinados contextos – a própria expressão é antiga: carteira assinada! Quando comecei a trabalhar numa empresa, tive minha primeira carteira de trabalho. Nela havia um pequeno trecho de três parágrafos, que alertava para a importância da permanência num emprego e terminava afirmando que o exame da carteira poderia revelar características de seu possuidor: "(...) Quem a examina, logo verá se o portador é um temperamento aquietado ou versátil; se ama a profissão escolhida ou ainda não encontrou a própria vocação; se andou de fábrica em fábrica, como uma abelha, ou permaneceu no mesmo estabelecimento, subindo a escala profissional". Depois isso foi retirado. É possível constatar, entre os jovens profissionais, hoje, como há inúmeros registros em suas carteiras de trabalho, quando eles as têm. Mudar de emprego não significa o que antes significava, exatamente por causa das mudanças no mercado de trabalho. Mas para o trabalhador mais velho, as mudanças podem representar uma ameaça. Até porque as empresas estão, cada vez mais, contratando jovens. E descontratando idosos.

Cortella – Ultimamente, várias sociedades estão pensando melhor em relação ao mais idoso. Por exemplo, para ele não ficar *desocupado*, oferecem-lhe uma ocupação – muitas vezes, como trabalho voluntário. Ele pode trabalhar num hospital, por exemplo. Aliás, não precisa ser uma ocupação só de natureza voluntária. É possível, sim, ter uma ocupação que seja remunerada e que melhore a condição de vida. Dou um exemplo: em Nova York é muito comum encontrar no hotel um idoso como porteiro da noite, porque, como o idoso tende a dormir menos, ele pode fazê-lo com mais vantagem do que pessoas mais jovens.

Não se trata de pensar na ocupação do idoso só para ele não ficar sem fazer nada, para que não fique triste, deprimido. Há, ademais, a possibilidade de o idoso buscar atividades que o ocupem de maneira prazerosa. Pode ser o trabalho voluntário, pode ser a dança, a música. Nesse campo, no Brasil, o Sesc é insubstituível, é o nosso verdadeiro ministério da terceira idade, porque cria condições de estímulo, de desenvolvimento de atividades essenciais para o idoso.

Não sou favorável a imaginar que a ocupação deva se dar apenas de maneira voluntária, em que a pessoa não tenha retorno financeiro. É uma questão de inventividade. Nós ainda não temos cotas destinadas ao idoso como temos para pessoas com deficiências, mas acredito que vamos tê-las em algum momento.

Afinal, como escreveu **Alain** nas *Considerações sobre a felicidade*, "quanto melhor se enche a vida, menos medo se tem de perdê-la".

Idade e preconceito

Cortella – Uma discussão que tem surgido mais recentemente, embora a prática não o seja, é sobre o etarismo. Se nós entendermos etarismo como uma denominação para uma forma de segregação, de preconceito em relação à pessoa de mais idade, isso é mais recente entre nós. Mas nem sempre foi assim. Isto é, a desvalorização da pessoa com mais idade é mais presente nas culturas ocidentais contemporâneas. Mas temos outras sociedades, na mesma época que a nossa, nas quais a pessoa com mais idade ainda é mais valorizada. Quando pensamos na noção oriental, nipônica, a percepção da pessoa com mais idade pode ter uma proeminência e uma forma de presença mais efetiva. No caso do mundo antigo, a noção de "senado", de "senatorial" tem conexão com a ideia de senil não no sentido de incapaz, mas justamente no de uma pessoa com mais idade e, portanto, que tem de estar sob o olhar de todos para ajudar a comunidade. Existe ainda a figura do ancião, que é usada em algumas religiões, como sendo a do iluminador, e não a do "atrasador", além da própria noção de presbitério, que mencionei há pouco. Mas o presbitério, em várias religiões, é o lugar onde as pessoas com mais idade se juntam. Por que estou fazendo esta abertura? Porque o etarismo qualificado desse modo é mais típico de sociedades ocidentais, de produção capitalista como a nossa. A meu ver, esse etarismo resulta, num primeiro momento, de um produtivismo no qual se entende que a pessoa com mais idade, sendo menos produtiva, é muito mais um ônus do que um bônus; num segundo movimento, além do produtivismo, há a ideia do capacitismo, isto é, entende-se que ela é menos capaz, portanto, possui uma série de limitações que alguém com menos idade não tem.

Há décadas que você, Terezinha, lembra que a pessoa com mais idade costuma ser simbolizada por alguém com alguma dificuldade. Acho que, de um lado, o capacitismo e, de outro, o produtivismo agravam essa percepção que ainda é presente no nosso dia a dia, mas que não é do mesmo modo o tempo todo em todos os lugares – nem no nosso território. Há várias comunidades de convivência no nosso país, como alguns grupos indígenas e religiosos, que fazem uma valorização do velho. Por exemplo, no candomblé e em outras práticas que tem a figura do "preto velho", este é veículo de sabedoria, e não um atrapalhador. É por essa razão que acredito que o etarismo hoje se dá muito mais no campo da produção do que, de fato, em outras circunstâncias do dia a dia. Aliás, a pandemia rendeu muita piada em relação a nós, com mais idade. Uma das coisas mais engraçadas que vi foi um vídeo que mostrava, de brincadeira, um caminhão passando nas ruas de uma cidade pequena, com o motorista anunciando: "É o caminhão cata-velho". E os velhos saíam correndo para lá e para cá! Esse é um modo de pensar. Mas acho que o capacitismo e, no meu entender, o produtivismo acabam agravando algo que não é presente nem em todo o tempo na história nem, em nosso tempo, em todos os lugares.

Rios – É importantíssimo ressaltar isso, Cortella, porque temos o costume de generalizar quando, na verdade, existem mesmo essas especificidades. Mas acho que é o momento, exatamente por conta do que você aponta, de verificarmos as características desse contexto no qual se dá a discriminação, o preconceito. E de pensarmos, também, nessa ideia de preconceito, no sentido de ir ao encontro daquilo que é a alteridade, porque viver é conviver. Nossa vida é vida junto com os outros. Eu não existo sem você, e você não existe sem mim. Como você já disse anteriormente, se eu não levo em consideração a alteridade, o que tenho é alienação, porque deixo de considerar o outro como outro, como aquele que é constituinte da minha identidade. É importante retomarmos essa ideia do convívio, da necessidade de pensar no outro e nele como diferente. Isso é fundamental. O outro é outro mesmo. A relação de que falamos é "eu-outro", mas é importante acrescentarmos mais um elemento aí: "eu-outro-eu". O outro é um eu, sem fazermos jogos de palavras. E eu sou o outro do outro. Portanto, são "eus" trabalhando nessa perspectiva. **Manoel de Barros** tem um verso maravilhoso. Ele diz: "Os Outros: o melhor de mim sou Eles". Ele brinca com a gramática para poder trazer essa ideia. Esse outro eu é como eu, mas diferente de mim. E aí entramos na perspectiva da igualdade na diferença, que é a ideia de justiça. Justiça é igualdade na diferença: somos diferentes homens e mulheres, velhos e jovens, judeus e muçulmanos, mas somos iguais em direitos. Temos muita dificuldade em aceitar a diferença. Temos um espírito narcísico, sem dúvida. Achamos bom aquilo que é parecido conosco. Já o diferente... Tanto que existe aquela história de encontrar a outra metade da laranja, almas gêmeas etc. Eu brinco que não sou meia laranja; sou uma laranja inteira. Meu marido é outra laranja. E às vezes sou laranja-lima, e ele é laranja-pera. Isso é só para marcar a diferença. E como ela se configura? A partir da identidade, da igualdade. Algo que temos que lembrar é que, se digo que justiça é igualdade na diferença, o contrário de igualdade não é diferença: é desigualdade. E desigualdade é uma coisa inventada socialmente. Vamos pensar nesta sociedade na qual estamos. O que eu considero diferente? Aquilo que é diferente de mim. *Eu* sou a referência maior. Se sou um homem, branco, europeu, então, o não bom é aquele que é diferente de mim: mulher, preta, asiática etc. Portanto, temos que pensar em como nós nos configuramos para chamar o outro de diferente, e que marcas tem essa diferença. Retomando a ideia de velhice, de idade mais avançada, não é só questão de tempo de vida; é fraqueza, fragilidade, improdutividade, como você traz, Cortella. São todos elementos negativos – e serão mesmo, ou terão sido criados num imaginário?

Cortella – E o gostoso é que essas mesmas características – para não usar um termo da filosofia, que é "qualidades" – são encantadoras numa criança e num bebê: a fragilidade, a dificuldade em realizar algumas operações, a ausência de certas habilidades. Mas elas são detratoras numa pessoa com muita idade. Aquilo que encanta em um bebê, que é o balbuciar, o tropeçar, a incapacidade de alguns movimentos, numa pessoa com mais idade é entendido como um defeito. Portanto, ela é vista como alguém que necessita de amparo, e não de convivência ou admiração – lembrando que em qualquer idade precisamos de amparo. Não tenho dúvidas de que, tomando o título deste nosso livro e na perspectiva que você coloca, Terezinha, viver bem é ser capaz de viver na percepção de uma justiça como sendo exatamente essa recusa à desigualdade, e, portanto, acolhimento dessa diferença.

Eu tenho usado o conceito, que parece óbvio num primeiro momento, de que qualquer ser humano, em toda a história, sempre viveu na era contemporânea. Sem exceção.

Rios – Dizemos que os gregos são antigos... Eles eram todos contemporâneos uns dos outros.

Cortella – Exatamente. Toda pessoa sempre vive na era contemporânea. Eu sou contemporâneo dos meus netos que ainda são crianças. E sou seu contemporâneo, Terezinha, que tem 80 anos. A contemporaneidade a nós é comum. Mas nós não vivemos a contemporaneidade do mesmo modo. A percepção sobre o que está a nossa volta, sobre as vivências que já tivemos, o acesso ao mundo que nos rodeia não se dão da mesma forma. Por isso, acho que a marca que você traz do Manoel de Barros reforça essa percepção. Mas a ideia de uma contemporaneidade partilhada fica abafada pelo etarismo – sem esquecer que nós temos etarismo também com relação à pessoa de menos idade: "Qual é, rapaz? Já está querendo ir na janelinha? Nem saiu do cueiro ainda". O etarismo não está numa ponta só, ele aparece de vários modos.

Rios – "Você é criança. Criança não tem querer." E algo importante que você traz, Cortella, é o seguinte: essa contemporaneidade é um tempo de todos nós. Mas nós temos vivências diferentes anteriores e projetadas que fazem com que o tempo tenha um caráter diferente para cada um. É como você diz: este é o tempo do meu neto, é o tempo de alguém mais velho do que eu. E aí, volto a este ponto: a história se faz num único momento, num único tempo, o presente. Mas nela estão presentes o passado, como memória e tradição, e o futuro como projeto. Como já coloquei anteriormente, eu vivo agora deste jeito por ter vivido há 40 anos como uma mulher de 40, por ter sido a adolescente de 15 anos que fui. Trago, então, experiências diferentes. Nós já falamos que experiência não é mais vivência no tempo, mas é efetivamente o que lhe dá sentido. Eu vivo este presente de um jeito diferente do presente seu, Cortella.

Cortella – E por que algumas pessoas parecem não notar que um dia terão mais idade? Porque elas não estão vivenciando aquilo, exceto no outro. A idade que cresce é uma experiência individual. Ela pode ser notada, pode ser percebida em outras pessoas, mas só é experimentada quando você a tem. Eu tenho absoluta certeza de que você, Terezinha, não se imagina com os 80 anos que tem, embora saiba que é bom. Mas a noção de 80 anos, especialmente na cabeça de quem é professor, é um pouco diferente de outras percepções. Por exemplo, você e eu começamos a dar aula muito jovens. Eu comecei a dar aula na PUC com 22 anos; meus alunos tinham 18. Fiz 30, e eles tinham 18. Fiz 50, eles tinham 18. Fiz 60, eles tinham 18. Somos muito nutridos no dia a dia por gerações com menos idade do que nós. Mas um menino de 12 anos jamais se imagina como alguém de 12; ele só o perceberá quando tiver 20. Fui secretário de Educação na cidade de São Paulo aos 35 anos. Na época, pensava que já estava com muita idade para isso; hoje acho cedo. As percepções são diferentes das autopercepções nesse campo da idade. Minha mãe dizia: "Ah, filho, hoje uma velhinha ali na igreja...". E eu sempre pedia: "Mãe, defina velhinha". O que era uma velhinha para alguém que tinha 90?

Rios – Esse garoto de 18 anos, que era aluno seu, Cortella, chega em casa e diz: "Eu tenho um professor novo de Filosofia". "Ele é jovem?" "Que nada! Já tem 30!" E, como dissemos anteriormente, todos nós acreditamos que vamos viver mais, ter validade maior, porque fazemos planos. Mesmo aos 80, eu não penso: "Será que duro até o Natal?". De jeito nenhum.

Cortella – Nem você nem o peru pensam isso! (*Risos*)

Rios – Com a diferença da tragédia que ele vai enfrentar... Não é nem drama, é tragédia mesmo! Mas, voltando ao preconceito, precisamos caracterizar esse gesto. Primeiro, a negação, a desvalorização da diferença. Segundo, fazer uma articulação entre preconceito e discriminação. Porque o preconceito está no departamento das ideias, dos conceitos, com os quais interpretamos a realidade e nossa relação com ela. Costumo dizer que é impossível ver o mundo sem óculos. Nós vemos o mundo sempre com os óculos da nossa cultura, do tempo em que vivemos, da classe social a que pertencemos etc. E é importante termos esses óculos desembaçados. Se é impossível ver o mundo sem óculos, teremos sempre lentes para olhá-lo, ou seja, pré-conceitos, conceitos em que nos apoiamos. Mas o preconceito ao qual estamos nos referindo implica não um primeiro olhar, mas um olhar viciado sobre a realidade, que a distorce, que impede que efetivamente vejamos como ela se apresenta. Se sou uma pessoa preconceituosa, parto para um gesto, para uma ação, que é a discriminação. De alguma maneira, somos todos preconceituosos. Por isso, para nos desvencilharmos do preconceito, para superarmos as atitudes discriminatórias, precisamos de uma educação que seja crítica, que procure ser emancipatória. Porque é uma questão de valores: na nossa cultura, o velho vale menos. E o que significa valer menos? Ser olhado de uma maneira que despreza os direitos que ele tem como ser humano. Eu digo que educação é construção da humanidade. Ninguém nasce humano: torna-se humano – parafraseando Simone de Beauvoir, que diz: "Ninguém nasce mulher: torna-se mulher". Ninguém nasce humano: torna-se humano por um processo de criação de cultura e de partilha dessa cultura, que é a educação. É claro que nascemos humanos do ponto de vista biológico, enchemos a boca para dizer que somos *Homo sapiens*. Mas, de *Homo sapiens* para ser humano, existe um longo caminho. Nós vamos nos tornando humanos, quase como vamos nos tornando idosos, para favorecer a palavrinha de que você gosta, Cortella. E a pergunta é: Quando nos tornamos velhos? Que processo é esse de tornar-se velho? Em que momento começo a ser velho? Sessenta anos? "Que bom, vou poder andar de graça no ônibus." Neste ano, começo a ter o maior privilégio de todos, que é a prioridade antes de todos os preferenciais por lei, porque cheguei aos 80 anos.

> **Na nossa cultura, o velho vale menos. E o que significa valer menos? Ser olhado de uma maneira que despreza os direitos que ele tem como ser humano.**

Cortella – Lembre-se de que, nas outras filas, também os de 80 vão na frente... (*Risos*)

Rios – É a associação entre velhice e morte. E a morte é feia. A proximidade com ela enfeia quem vai chegando ali.

Cortella – Quando você fala do preconceito, traz à tona a necessidade de uma educação que forme na recusa a ele, que trabalhe a diversidade – inclusive a diversidade de idade – como sendo um patrimônio, e não um encargo. Mas, hoje, dá-se uma ênfase muito grande, quando falamos em etarismo, no preconceito contra as pessoas com mais idade. E acho que isso é uma forma preconceituosa também. Isto é, a própria noção do etarismo entendida desse modo coloca uma carga que não é absolutamente dessa maneira. Por exemplo, nas referências culturais das novas gerações, como os livros e filmes do Harry Potter, que são sucesso no mundo todo, os mais jovens se apoiam nas pessoas já com muita idade, para poder sobreviver, buscar a sabedoria, achar as chaves. Tomando uma referência mais antiga da cultura do entretenimento, na série de televisão *Kung Fu*, havia o mestre e o discípulo, que era chamado de Pequeno Gafanhoto. Lembrando que a exceção, nesse universo, é a figura de super-herói, que não envelhece, senão ele perde sua identidade, que não é ser novo ou velho, é ser eterno, para usarmos a ideia que **José de Souza Martins** trabalha no texto "Tio Patinhas no centro do universo". Não é que o super-herói, ou a super-heroína, não fique jovem nem velho; ele é eterno. Todas as vezes que se mostra o Super-Homem jovem, que se mostram as histórias de outro tempo, ele era como é, ou seja, do mesmo modo, suas características permanecem as mesmas. As diversas maneiras que a cultura apresenta a relação entre jovens e idosos – ou velhos, ou pessoas com mais idade, tanto faz – trazem também uma relação de cumplicidade. Não é casual que hoje a publicidade mostre a pessoa com mais idade um pouco inábil com a tecnologia num primeiro momento, mas também mostre essa mesma pessoa sendo capaz, para usar um termo caipira, de "dar um nó" nos outros ao saber usar essa mesma tecnologia. Digo isso não para desmerecermos o conceito de etarismo, porque ele é quase uma ferramenta de combate, mas para balizá-lo melhor, de maneira que não fique "obeso", lotado de coisas que ele não tem. Quando falamos da necessidade de uma educação que recuse a forma preconceituosa, isso é em relação a qualquer idade, não exclusivamente à idade mais avançada. É evidente que pessoas com mais idade, como nós, Terezinha, estão mais perto do fecho de um ciclo. A fragilidade desse ciclo se dá em qualquer ponto dele, mas existe, sim, uma clareza de que ele se fecha. E nisso, como você falou, há uma estética na vida que coloca a morte como o lugar do horror, como o lugar do feio. É claro que não queremos isso.

Nós falamos o tempo todo do descansar, do repousar, portanto, daquilo que, sendo a vida um "vale de lágrimas"

– para usar a antiga oração dos católicos "Salve Rainha, mãe de misericórdia... A Vós suspiramos, gemendo e chorando neste vale de lágrimas" – vale a pena. Qual pena? Qual é a penalidade? A pena é viver. Há um momento em que o suplício cessa. Quando ele cessa? Quando estamos perto de fechar o ciclo. Mas, aí, imagina-se que a gente não queira fazê-lo. Quando **Pelé** morreu, muito se falou sobre cuidados paliativos. O que significa ter mais serenidade no momento em que as coisas se colocam num outro patamar? Um dos alertas que se faz é que os cuidados paliativos não se dão para a morte; a morte é só um pedaço do processo. Eles se dão para qualquer tipo de agrura que se possa ter em qualquer idade. Portanto, não está num único ponto. Daí que etarismo, quando colocado num único lugar, é uma forma preconceituosa.

Rios – Pois é. Quero voltar ao que você observou sobre o uso da tecnologia pelos mais velhos. A relação entre tecnologias e envelhecimento tem sido objeto de vários estudos e pesquisas. Tássia Chiarelli, gerontóloga, que realizou uma dessas pesquisas e é autora de um livro intitulado *Tecnologias e envelhecimento ativo*, fala no surgimento de um novo termo, gerontecnologia, que "ganha força com a identificação de duas tendências: o envelhecimento populacional e a expansão das tecnologias". E chama atenção para o fato de que "dentro da velhice, há muitas velhices. Ao mesmo tempo, dentro da tecnologia, também há muitas tecnologias". Efetivamente, o preconceito aparece quando se julga que os velhos são incapazes de reconhecer e aproveitar os benefícios da tecnologia e muitas vezes são tratados com impaciência pelos mais jovens, quando demandam sua ajuda. E pensando no que você fala da relação entre jovens e velhos, e de como se criam alguns estereótipos, lembrei de um seminário a que fui em Recife, onde tive a oportunidade de conhecer o trabalho da cineasta Tuca Junqueira, uma moça brilhante. E eu vi uma parte de um documentário que ela apresentou para discussão com os professores ali no seminário. Esse documentário se chama *Amores de chumbo*, e conta a história de dois militantes de esquerda na ditadura que voltam a se encontrar anos depois e começam um relacionamento amoroso. É muito interessante, porque há uma determinada cena do filme em que eles se beijam e se acariciam, e percebi que houve um mal-estar nos espectadores por ser um casal mais velho. O pensamento é que gente velha não transa. Gente velha não namora...

Cortella – Mas tenta...

Rios – O cineasta americano Robert Altman tem um filme chamado *Três mulheres*, em que há uma transa altamente erótica com velhos provavelmente da minha idade. Lembro que muitas pessoas se levantaram e saíram da sala de cinema nessa cena. É triste, porque existe essa ideia de que sexo não é coisa para velhos.

Cortella – E também porque tem muito do nosso imaginário de que nossos pais e avós não transam...

Rios – Claro, de jeito nenhum. **Luis Fernando Verissimo** traz um ótimo exemplo para pensarmos em termos de idade e de valores nas diversas idades, nas *Aventuras da Família Brasil*. A Família Brasil somos nós. E rimos de nós mesmos quando vemos o desenho do Verissimo. No primeiro quadrinho, o avô diz ao neto: "No meu tempo, a gente namorava, noivava, casava e só então fazia sexo". No segundo quadrinho, o menino, com o olho muito arregalado, pergunta espantado: "Tudo com a mesma pessoa?!". São valores diferentes, precisamos enfatizar isso. A cultura não é só transformação material; ela é simbólica. E a nossa sociedade tem valores individualistas, produtivistas etc. Por isso, a importância da educação, que pode ser conscientizadora ou promotora de diferenças.

Cortella – E o diabo nunca é velho quando aparece para seduzir, para encantar; ele é sempre muito jovem, exuberante, belo. Ou ela – a diaba, a demônia é sempre a encarnação da juventude. Velha é a bruxa e, portanto, ela será derrotada. O diabo, ou a diaba, não é derrotado. A bruxa será derrotada, porque ela é velha e fraca em relação a algumas coisas. Nesse sentido, há todo um arsenal de percepções que o mundo trabalha dentro da arte, de maneira geral, que devemos observar de modo especial.

É necessário olharmos para o preconceito, e o etarismo é um desses modos. No contexto desta nossa conversa, o etarismo é, sim, o que marca uma série de referências negativas em relação à diversidade, à diferença. E às vivências, que, em vez de serem de benefício recíproco, são quase avaliativas. Acaba-se querendo aferir aquilo de que outra pessoa, de fato, seria capaz. Vivemos mais, vivemos bem – mas só viveremos bem, como você lembrou, Terezinha, se vivermos mais juntos. Se vivermos mais próximos, se vivermos mais em partilha. Se vivermos mais justos.

Vida boa = Presença do desejo

Rios – Gosto de pensar na vida como espaço para a festa. Falar em festa nos remete a algo prazeroso, compartilhado, que proporciona alegria. Claro que a vida é contraditória e não se constitui apenas de bons momentos. Guimarães Rosa estava certo quando dizia que "o correr da vida embrulha tudo. A vida é assim. Esquenta e esfria, aperta e afrouxa. Sossega e depois desinquieta". Mas há momentos em que podemos dizer: a vida é uma festa.

Cortella – Mas isso depende da festa em que você está. Porque é necessário que você queira estar nessa festa, que você almeje vida longa. Há pessoas que, com qualquer idade, podem desejar o fim da vida, e há outras que, não tendo mais tempo e sabendo que não o terão, desejam ainda ardentemente viver.

Se um jovem de 20 anos não quer mais viver, sempre resta a esperança de que haverá tempo de se reinventar, de refazer o caminho, de renascer. Mas... e aquele que não tem mais esse tempo? Algo terrível é olhar com a face de trás de Janus e pensar: "Vida, minha vida, olha o que é que eu fiz", como na canção de **Chico Buarque**. Nessa hora, a única alternativa é o desespero. Se a pessoa imagina que passou a vida querendo ser, querendo fazer, querendo conhecer e chega aos 70 anos e não fez, não viu nem conheceu, e sabe que não tem tempo nem condição material de fazer, ela se enche de arrependimento.

Rios – A festa só acontece se a gente promove, é claro! E ela está associada à vida boa, vida plena. Há duas coisas, Cortella, que você disse, que acho importantes. A primeira é que essa ideia do Janus, de olhar para frente e para trás, trouxe à minha lembrança uma imagem muito boa que você usa com frequência, à qual costumo fazer referência. É a de que temos no carro para-brisa e espelho retrovisor e que o primeiro é maior do que o outro. Por quê? Porque é preciso olhar para trás, mas o mais importante é ter a atenção no que está diante de nós.

Cortella – Claro, pois o passado é apenas referência, não é direção.

Rios – E isso é fundamental. E a segunda coisa foi quando você mencionou ainda há pouco a energia erótica. Porque a construção de significado se dá a partir disso, de uma força, um vigor... Ao escrever sobre a velhice, **Mirian Goldenberg** perguntava, citando velhos interessantes, como Chico Buarque, Caetano Veloso, **Gilberto Gil**, entre tantos outros: "Por que eles continuam a cantar? Continuam a compor? Porque têm tesão". Eros. É isso aí!

Cortella – Por isso acho, Terezinha, que vida boa é a presença do desejo e não a satisfação da necessidade. Quando temos a presença do desejo, continuamos adiante. Quando temos a satisfação da necessidade, somos mera biologia, isto é, mera corporeidade. Embora eu seja corpo, não estou num corpo. Eu sou corpo. Quando é mera necessidade satisfeita, é pouco. O erótico tem essa força, porque ele é a presença do desejo. Vemos pessoas com bastante idade que conservam o desejo da sexualidade – não necessariamente o desejo do sexo, porque sexo não é desejo, é necessidade –, que mantêm a vitalidade erótica em relação à família, à comida, à Igreja, mas também em relação ao prazer. Elas têm prazer de participar de um canto, prazer de estarem vivas. A presença do desejo supera a satisfação da necessidade.

Rios – É mais uma vez a Adélia Prado que recorro, em seu poema "Tempo", de que você já falou: "Quarenta anos: Não quero faca nem queijo. Quero a fome". Isso significa que a fome é impulsionadora da busca de qualquer alimento. A fome mobiliza a pessoa, faz com que ela busque não só a faca e o queijo: a goiabada também. Estou me referindo à fome não apenas como algo biológico, mas como algo vital, que dá gosto à experiência.

Glossário

Alain [pseudônimo de Émile-Auguste Chartier] (1868-1951): Jornalista, ensaísta e filósofo francês. Utilizou ao longo da vida outros pseudônimos, como Criton e Philibert, para assinar suas crônicas – consideradas de alta qualidade literária, as quais abordavam política, economia, religião, educação e estética. A partir de 1906, escreveu artigos curtos, inspirados na atualidade e nos fatos da vida cotidiana, no estilo conciso que o caracterizava.

Barros, Manoel de (1916-2014): Advogado, fazendeiro e poeta conhecido nacional e internacionalmente, foi um dos mais originais e importantes escritores do Brasil. Recebeu diversos prêmios, como o Cecília Meireles, concedido a ele pelo Ministério da Cultura em 1998. Tinha como principal característica a liberdade para inventar palavras e conceitos. Entre suas obras, encontram-se *Gramática expositiva do chão*, *O livro das ignorãças* e *Livro sobre nada*.

Bauman, Zygmunt (1925-2017): Sociólogo polonês, foi professor emérito dessa disciplina na Universidade de Leeds, na Inglaterra. Autor de vários livros que tratam da teoria social da modernidade e da pós-modernidade, escreveu *Vida a crédito*, *Vida para consumo*, *Amor líquido: Sobre a fragilidade dos laços humanos*, entre outros.

Beauvoir, Simone de (1908-1986): Escritora francesa, companheira de Sartre, com quem partilhava a filosofia existencialista. Atingiu o grande público ao escrever um livro sobre os direitos da mulher: *O segundo sexo* (1948). Escreveu também *Os mandarins* (1954) e *Memórias de uma moça bem-comportada* (1958).

Beethoven, Ludwig van (1770-1827): Ao lado de Bach e Mozart, é, sem dúvida, um dos maiores compositores do século XIX. Com ele surge o romantismo musical alemão. Autor de sonatas, quartetos, sinfonias e da ópera *Fidélio*, uma de suas obras mais conhecidas é a *Nona sinfonia*. A surdez progressiva lhe possibilitou alcançar as alturas de uma música abstrata, além de toda a beleza sensorial.

Boyne, John (1971): Romancista irlandês, vive em Dublin, ensinou língua inglesa no Trinity College, na Irlanda, e Literatura Criativa na Universidade de East Anglia. É autor do best-seller *O menino do pijama listrado* (2007). Em 2010, lançou seu sétimo romance, *O palácio de inverno*.

Brant, Fernando (1946-2015): Compositor mineiro, foi parceiro de Milton Nascimento, Lô Borges e Paulo Braga, entre outros. Na década de 1960, na cidade de Belo Horizonte, participou do movimento musical Clube da Esquina. Compondo com Milton teve mais de 200 canções gravadas, entre elas *Travessia*. Criou roteiros e letras para peças de teatro, além de trilhas de filmes e novelas.

Buarque, Chico (1944): Um dos mais conhecidos compositores e intérpretes brasileiros, é também poeta e escritor. Teve papel importante durante a ditadura militar ao compor canções de protesto, como "Roda viva" e "Cálice". Como escritor, recebeu o prêmio Jabuti três vezes: por seu primeiro romance, *Estorvo*, em 1992; por *Budapeste*, em 2004, e por *Leite derramado*, em 2010.

Campbell, Joseph (1904-1987): Foi um estudioso norte-americano de mitologia e religião comparada. Graduou-se em Literatura Inglesa e defendeu seu mestrado em Literatura Medieval. É autor dos livros *O herói de mil faces*, *As máscaras de Deus*, *Para viver os mitos* e *O voo do pássaro selvagem*.

Camus, Albert (1913-1960): Escritor francês nascido na Argélia, é um dos representantes mais importantes do existencialismo francês. Filósofo, foi professor e jornalista. Algumas de suas obras mais conhecidas são: *O mito de Sísifo*, *A queda*, *O estrangeiro* e *A peste*.

Catulo da Paixão Cearense (1863-1946): Poeta e músico, é considerado um dos maiores compositores da música popular brasileira. Em seu trabalho teve a colaboração de Anacleto de Medeiros, Ernesto Nazareth e Chiquinha Gonzaga, entre outros. Uma de suas mais famosas canções é "Luar do sertão".

Cisalpino, Murilo (?): Nasceu e vive em Belo Horizonte. Formado em História, é escritor e professor do ensino fundamental e médio há mais de 15 anos. Já publicou diversos livros para crianças e jovens, como *O tamanho da gente*.

Comte, Augusto [Isidore Auguste Marie François Xavier Comte] (1798-1857): Importante filósofo e sociólogo francês do século XIX, é conhecido por seu método geral do positivismo, baseado na observação dos fenômenos, em oposição ao racionalismo e ao idealismo. É autor de *Opúsculo de filosofia social* e *Curso de filosofia positiva*, entre outras obras.

Darwin, Charles (1809-1882): Biólogo e naturalista inglês, suas observações da natureza levaram-no ao estudo da diversidade das espécies e, em 1838, ao desenvolvimento da teoria da seleção natural. Em sua obra *A origem das espécies*, de 1859, apresenta a teoria da evolução das espécies a partir de um ancestral comum.

De Masi, Domenico (1938): Professor de Sociologia do Trabalho na Universidade La Sapienza, de Roma, escreveu diversas obras, entre as quais *A emoção e a regra*, *A sociedade pós-industrial*, *O ócio criativo* e *O futuro do trabalho*.

Drummond de Andrade, Carlos (1902-1987): Um dos maiores poetas brasileiros, foi ainda contista e cronista. Sua temática é introspectiva e revela o sentimento que tinha pelo mundo. Seu primeiro livro, *Alguma poesia*, foi publicado em 1930. São de sua autoria também *A rosa do povo*, *Claro enigma* e *Lição de coisas*, entre outros.

Epicuro (341 a.C.-270 a.C.): Filósofo grego do período helenístico, seu pensamento foi muito difundido, e numerosos centros epicuristas se desenvolveram no Egito e em Roma. Representa a busca por uma filosofia prática, essencialmente moral, que tinha por objeto central a felicidade do ser humano.

Fernandes, Millôr [Milton Viola Fernandes] (1923-2012): Como cartunista, colaborou nos principais órgãos de imprensa; como cronista, publicou mais de 40 títulos. Foi também dramaturgo de sucesso, artista gráfico com trabalhos expostos em várias galerias e no Museu de Arte Moderna do Rio de Janeiro. Além de ter escrito roteiros de filme, *shows* e musicais, traduziu diversas obras teatrais. Irônico, polêmico, com seus textos e desenhos (des)construiu a crônica dos costumes brasileiros.

Fonseca, Rubem (1925-2020): Escritor e roteirista de cinema brasileiro, formou-se em Direito, tendo exercido várias atividades antes de dedicar-se inteiramente à literatura. É autor de *O cobrador* (1979), *Bufo & Spallanzani* (1986), *Vastas emoções e pensamentos imperfeitos* (1988), *O buraco na parede* (1995) e *Diário de um fescenino* (2003), entre outros.

Franklin, Benjamin (1706-1790): Estadista, escritor e inventor americano, é bastante conhecido por suas experiências com eletricidade, tendo criado o para-raios. Adepto das ideias da corrente iluminista e engajado na campanha abolicionista, ajudou a elaborar a declaração de independência dos Estados Unidos, além de ter sido responsável pela reforma do sistema postal daquele país.

Frei Betto [Carlos Alberto Libânio Christo] (1944): Escritor consagrado, é um dos intelectuais brasileiros mais respeitados dentro e fora do país. Estudou Teologia, Filosofia, Antropologia e Jornalismo. Adepto da Teologia da Libertação, é ativista político e militante de movimentos pastorais e sociais.

Freire, Paulo (1921-1997): Educador brasileiro, um dos mais importantes pedagogos do século XX, mostrou um novo caminho para a relação entre professores e alunos. Entre suas obras estão *Educação como prática da liberdade* (1967), *Pedagogia do oprimido* (1970) e *Pedagogia da autonomia* (1997).

Galeano, Eduardo (1940-2015): Jornalista e escritor uruguaio, publicou algumas dezenas de obras. A primeira edição de seu livro mais conhecido, *As veias abertas da América Latina*, data de 1971. Viveu exilado por vários anos na Argentina e na Espanha, tendo retornado a seu país em 1985.

Gil, Gilberto (1942): Compositor e intérprete brasileiro, foi, ao lado de Caetano Veloso, um dos líderes do Tropicalismo, movimento cultural ocorrido no final da década de 1960. Foi membro do Conselho de Cultura do Estado da Bahia, vereador pela cidade de Salvador e, de 2003 a 2008, ocupou o cargo de ministro da Cultura. Entre os vários discos que gravou, destacam-se *Expresso 2222*, *Refazenda*, *Realce* e *Quanta*.

Goethe, Johann Wolfgang (1749-1832): Poeta, dramaturgo e ensaísta, é um dos nomes mais importantes da literatura alemã. Seu trabalho reflete o desenvolvimento das observações colhidas ao longo da vida, marcada por sofrimento, tragédia, ironia e humor. *Fausto*, livro escrito a partir de 1774 e concluído em 1831, é sua obra-prima.

Goldenberg, Mirian (1957): Antropóloga e escritora brasileira. É doutora em Antropologia Social e professora de Sociologia e Antropologia na Universidade Federal do Rio de Janeiro. Entre suas publicações destacam-se *Toda mulher é meio Leila Diniz*, *A outra* e *De perto ninguém é normal*.

Guimarães Rosa, João (1908-1967): Ficcionista e diplomata brasileiro, tornou-se conhecido como escritor a partir da publicação de *Sagarana* em 1937. Seu trabalho é marcado pela invenção e pela inovação vocabular. Entre suas obras destacam-se *Grande sertão: Veredas* (1956) e *Primeiras estórias* (1952).

Heller, Agnes (1929-2019): Nascida e educada em Budapeste, Hungria, é uma das filósofas de tradição marxista mais reconhecida no mundo. Discípula de Lukács, foi professora de Sociologia na Universidade de Trobe e lecionou na New School for Social Research, em Nova York. Dentre suas obras, destaca-se *A filosofia radical*.

Henfil [Henrique de Sousa Filho] (1944-1988): Cartunista, quadrinista, jornalista e escritor brasileiro, envolveu-se também com cinema, teatro, televisão e literatura, mas ficou conhecido mesmo por sua atuação nos movimentos sociais e políticos brasileiros e pelo humor mordaz da revista de histórias em quadrinhos *Fradim*. Entre suas obras destacam-se *Diário de um cucaracha*, *Hiroxima, meu humor* e *Diretas já!*.

Izquierdo, Ivan Antônio (1937-2021): Médico e cientista argentino naturalizado brasileiro, é considerado um dos maiores pesquisadores do mundo sobre memória e aprendizado, tendo estudado os mecanismos biológicos dos processos mnemônicos. Publicou, entre outros, o livro *A arte de esquecer*. Foi membro de diversas academias de ciências no Brasil e no mundo, tendo recebido importantes prêmios nacionais e internacionais.

Karabtchevsky, Isaac (1934): Maestro brasileiro. Iniciou sua carreira como regente do Madrigal Renascentista, de Belo Horizonte, e já atuou como diretor artístico da Orquestra Sinfônica Brasileira, do Teatro La Fenice, da Orquestra Tonkünstler e da Orquestra Sinfônica de Porto Alegre. Foi diretor musical da Orchestre National des Pays de la Loire e atualmente é o diretor artístico e regente principal da Orquestra Petrobras Sinfônica.

Konder, Leandro (1936-2014): Filósofo marxista brasileiro, atuou como advogado criminalista e trabalhista até ser demitido dos sindicatos em que trabalhava quando do golpe militar de 1964. Foi professor da Universidade Federal Fluminense e da PUC-RJ. Publicou obras em diversas áreas do conhecimento, como filosofia, sociologia, história e educação, entre as quais *O* *marxismo na batalha das ideias, O que é dialética, O futuro da filosofia da práxis* e *A morte de Rimbaud* e *Bartolomeu.*

Larrosa, Jorge (1951): Pesquisador e professor de Filosofia da Educação na Universidade de Barcelona, defende que a educação não deve e não pode desprezar a diversidade, as diferenças. E afirma que: "A relação da educação com a arte, desde os gregos, é constitutiva. Educação é inconcebível fora da cultura de seu tempo. (...) Educação, em resumo, precisa se relacionar com a cultura do presente. Do contrário, transforma-se em prática de adestramento". Entre suas obras destaca-se *Pedagogia profana.*

Lispector, Clarice (1925-1977): Escritora e jornalista nascida na Ucrânia que se fixou no Brasil. Em sua obra predominam a introspecção e os conflitos psicológicos. Publicou seu primeiro livro, o romance de caráter existencial *Perto do coração selvagem* (1943), aos 19 anos de idade, surpreendendo a crítica positivamente. É autora de: *Laços de família* (1960), *A legião estrangeira* (1964) e *A hora da estrela* (1977).

Locke, John (1632-1704): Filósofo inglês, ideólogo do liberalismo e do Iluminismo, é considerado o principal representante do empirismo britânico e um dos mais importantes teóricos do contrato social. Em oposição ao cartesianismo, sustentou que o ser humano nasce sem ideias inatas e que o conhecimento é determinado apenas pela experiência derivada da percepção sensorial.

Mãe, Valter Hugo [Valter Hugo Lemos] (1971): Escritor português nascido em Angola, atua ainda como editor, artista plástico e vocalista de uma banda de *rock*. Licenciou-se em Direito e fez pós-graduação em Literatura Portuguesa Moderna e Contemporânea. Em 1999, fundou com Jorge Reis-Sá a Quasi Edições. Entre seus livros, estão *O filho de mil homens, A máquina de fazer espanhóis* e *O remorso de Baltazar Serapião*, que conquistou o Prêmio Literário José Saramago em 2006.

Martins, José de Souza (1938): Sociólogo brasileiro, é professor aposentado da Faculdade de Filosofia, Ciências e Letras da Universidade de São Paulo (USP). Autor de vários artigos e livros, recebeu por três vezes o prêmio Jabuti de Ciências Humanas, com as obras *Subúrbio* (1993), *A chegada do estranho* (1994) e *A aparição do demônio na fábrica* (2009).

Marx, Karl (1818-1883): Cientista social, filósofo e revolucionário alemão, participou ativamente de movimentos socialistas. Seus estudos resultaram na obra *O capital* (1867), que exerce até hoje grande influência sobre o pensamento político e social no mundo todo.

Mautner, Jorge (1941): Nome artístico de Henrique George Mautner, é um cantor, compositor e escritor brasileiro. Ganhou o prêmio Jabuti com o livro *Deus da chuva e da morte* (1962). Lançou seu primeiro disco, *Pra iluminar a cidade*, em 1972, e é autor de clássicos da MPB como "Maracatu atômico" e "O rouxinol".

Meyerhoff, Hans (1914-1965): Filósofo alemão, interessado na condição humana, voltou-se para a história, as ciências sociais e a literatura para entender o homem, seu lugar no mundo e suas responsabilidades. Emigrou para os Estados Unidos em 1934, onde fez seus estudos acadêmicos e passou depois a lecionar na Universidade da Califórnia. Seu livro mais conhecido é *O tempo na literatura*.

Moraes, Vinicius de (1913-1980): Poeta, compositor, intérprete e diplomata brasileiro. Figura importante da bossa nova, com Tom Jobim fez músicas como *Garota de Ipanema* e *Chega de saudade*, símbolos de uma época. É famoso também por sua parceria com Toquinho, que durou 11 anos.

Niemeyer, Oscar (1907-2012): Arquiteto brasileiro reconhecido mundialmente. Seu trabalho marcado pelas curvas de concreto armado fez dele um dos ícones da arquitetura moderna. Com obras em diversos países, no Brasil projetou, entre muitas outras construções, o Palácio do Planalto, o Congresso Nacional e a praça dos Três Poderes, em Brasília, e o Memorial da América Latina, em São Paulo.

Nietzsche, Friedrich (1844-1900): Filósofo alemão, elaborou críticas devastadoras sobre as concepções religiosas e éticas da vida, propondo uma reavaliação dos valores humanos. Algumas de suas obras mais conhecidas são *A gaia ciência* (1882), *Assim falou Zaratustra* (1883), *Genealogia da moral* (1887) e *Ecce homo* (1888).

Ortega y Gasset, José (1883-1955): Filósofo espanhol, atuou também como jornalista e ativista político, sendo considerado um dos mais importantes ensaístas do século XX. A partir de 1910 torna-se catedrático de metafísica em Madri e, em 1914, publica seu primeiro livro: *Meditaciones del Quijote*.

Pasolini, Pier Paolo (1922-1975): Cineasta italiano, defendia um estilo particular, o "cinema de poesia", fundado no "discurso indireto livre", ou seja, "a imersão do autor na personagem". Foi também escritor, dramaturgo, poeta, ensaísta e crítico. Entre seus trabalhos mais conhecidos estão os filmes *Mamma Roma* (1962) e *Teorema* (1968).

Pelé [Edson Arantes do Nascimento] (1940-2022): Considerado o maior atleta de todos os tempos, o mineiro de Três Corações ficou conhecido como o Rei do Futebol. Começou sua carreira profissional aos 15 anos no Santos e, aos 16 anos, entrou para a seleção brasileira. Após se aposentar do futebol, foi ministro do Esporte entre 1995 e 1998, no governo de Fernando Henrique Cardoso, e criou a Lei Pelé, que instituiu o fim do passe para os jogadores. Faleceu aos 82 anos em decorrência de complicações de um câncer.

Pessoa, Fernando (1888-1935): Considerado o poeta de língua portuguesa mais importante do século XX, usava diferentes heterônimos para assinar sua obra. Os mais conhecidos são Alberto Caeiro, Álvaro de Campos e Ricardo Reis, cada um com estilos e visões de mundo diferentes. Sua única obra publicada em vida foi *Mensagem* (1934).

Platão (427-347 a.C.): Um dos principais filósofos gregos da Antiguidade, discípulo de Sócrates, influenciou profundamente a filosofia ocidental. Afirmava que as ideias são o próprio objeto do conhecimento intelectual e que o papel da filosofia seria libertar o homem do mundo das aparências para o mundo das essências. Escreveu 38 obras; em virtude do gênero literário predominante, elas ficaram conhecidas pelo nome coletivo de *Diálogos de Platão*.

Prado, Adélia (1935): Escritora e poetisa brasileira. Em sua prosa e em sua poesia são recorrentes os temas da vida pacata do interior: a mulher arrumando a cozinha, a missa, o cheiro do mato, os vizinhos, a gente de Divinópolis, cidade mineira onde a escritora nasceu. Várias vezes premiada, é autora de *Bagagem*, *A faca no peito* e *Contos mineiros*, entre outras obras.

Quintana, Mario (1906-1994): Poeta gaúcho, trabalhou em vários jornais. Traduziu Proust, Conrad e Balzac, entre outros nomes de grande importância na literatura mundial. Começou publicando poemas em jornais e periódicos. Mais tarde lançou *A rua dos cata-ventos*, seu primeiro livro de poesias. Em seguida vieram *Canções* (1946), *Sapato florido* (1948), *O aprendiz de feiticeiro* (1950), *Espelho mágico* (1951) e muitos outros, além de várias antologias.

Ribeiro, Renato Janine (1949): Filósofo e escritor, é professor da Universidade de São Paulo. Tem vários livros e artigos publicados, em especial nas áreas de ética, filosofia e política. Também concebeu e apresentou uma série de 12 programas sobre ética exibida em alguns canais de TV.

Riesman, David (1909-2002): Sociólogo norte-americano. Com formação em Direito e Ciências Sociais, lecionou nas Universidades de Buffalo, Chicago e Harvard. Em suas obras abordou as características sociais das classes médias urbanas e insistiu nos efeitos alienantes causados pela moderna sociedade urbana sobre os indivíduos. Seu livro mais conhecido é *The lonely crowd*.

Rousseff, Dilma (1947): Economista e política brasileira filiada ao Partido dos Trabalhadores (PT). Durante o governo do ex-presidente Luiz Inácio Lula da Silva, assumiu a chefia do Ministério de Minas e Energia e, posteriormente, da Casa Civil. Em 2010, tornou-se a primeira mulher da história do Brasil a ser eleita para a Presidência da República.

Russo, Renato (1960-1996): Cantor e compositor brasileiro, fundou a Legião Urbana, banda que o tornou conhecido mundialmente. Lançou diversos álbuns e *singles*, a maioria de sua autoria, e participou da efervescência do *rock* brasileiro dos anos 1980. Cantou ao lado de Herbert Vianna, Adriana Calcanhoto e Cássia Eller, entre outros. Alguns de seus maiores sucessos são "Faroeste caboclo", "Pais e filhos" e "Que país é este".

Savater, Fernando (1947): Escritor espanhol, é catedrático de Ética na Universidade do País Basco e de Filosofia na Universidade Complutense de Madri. É autor de vários livros de ensaios, narração e teatro. Sua obra mais notável intitula-se *O meu dicionário filosófico*, no qual desenvolve um modo diferente de fazer dicionário, com base em sua visão pessoal de cada verbete.

Szymborska, Wislawa (1923-2012): Escritora polonesa, estudou Literatura e Sociologia na Universidade de Cracóvia. Destacou-se como poetisa com uma obra que tem como tema as vicissitudes da Polônia moderna. Emprega uma linguagem simples e coloquial, mas sua modernidade se revela no tom irônico e na complexidade formal de muitas de suas poesias. Ao longo da vida, publicou 12 pequenas coletâneas de poemas e recebeu o prêmio Nobel de Literatura em 1996.

Tordo, João (1975): Escritor, jornalista e roteirista português. Em 2009, conquistou o Prêmio Literário José Saramago pela obra *As três vidas*, seu terceiro romance. Publicou também *O livro dos homens sem luz* e *O bom inverno*, entre outros.

Veloso, Caetano (1942): Compositor e intérprete brasileiro, é um dos artistas mais respeitados do Brasil e do mundo. Foi um dos líderes do Tropicalismo, juntamente com Gilberto Gil. Exilado pela ditadura em 1968, viveu na Inglaterra até 1972, quando voltou ao Brasil. Entre os vários discos gravados, destacam-se: *Outras palavras, Cores, nomes, Uns* e *Circuladô*. Em 1997, publicou o livro *Verdade tropical*.

Verissimo, Luis Fernando (1936): Jornalista – além de tradutor, cartunista e músico –, iniciou sua carreira no jornal *Zero Hora*, em Porto Alegre, em fins de 1966, onde trabalhou em diversas seções e, em 1969, ganhou sua própria coluna. Na década de 1990 passou a escrever alguns quadros para a televisão e adpatou material para a série *Comédias da vida privada*, baseada em livro de sua autoria. Destacam-se em sua produção *O analista de Bagé, A velhinha de Taubaté* e *As mentiras que os homens contam*.

Virgílio [*Publius Vergilius Maro*] (70 a.C.-19 a.C.): Poeta romano clássico, conhecido principalmente por suas Éclogas (ou Bucólicas), as Geórgicas e a *Eneida*. As primeiras, num total de dez, refletem a influência do gênero pastoril; as segundas, compostas por quatro livros, tratam de agricultura e foram dedicadas a Mecenas, seu protetor; a última, que conta a lenda do guerreiro Eneias, é um épico de Roma em 12 livros. Ainda em vida chegou a ser considerado um expoente da literatura latina.

Wisnik, José Miguel (1948): Pianista e compositor brasileiro, é também professor de Literatura na Universidade de São Paulo. Entre seus parceiros de música estão nomes como Caetano Veloso, Chico Buarque, Tom Zé e Jorge Mautner. Tem vários livros publicados, como *O som e o sentido: Uma outra história das músicas*.

Woodcock, George (1912-1995): Escritor canadense de poesia, ensaios, críticas, biografias e obras históricas. Fundador do jornal *Canadian Literature*, primeiro jornal dedicado à literatura daquele país, tornou-se conhecido com o livro *Anarchism: A history of libertarian ideas and movements*, uma das grandes sinopses do anarquismo.

Zé Ramalho [José Ramalho Neto] (1949): Cantor, compositor e produtor brasileiro, seu trabalho é pontuado por elementos da cultura nordestina, da mitologia grega e do misticismo. Entre suas músicas mais conhecidas, estão "Chão de giz" e "Admirável gado novo". Em 1996 gravou ao vivo um de seus álbuns mais populares, *O grande encontro*, em parceria com Elba Ramalho, Alceu Valença e Geraldo Azevedo.